번데기 시인의 환생

이성칠 제1시집
전체 5권

이 책은 (재)구미문화재단 「2025 전문예술인 활동지원사업」으로 발간되었습니다.

| 작가의 말 |

　홀로 있는 것을 좋아하니 역마살은 당연히 없다. 애마는 목적지가 가깝다며 히힝 울고 맞이해 줄 주빈은 석양에 연 걸린 듯 본체만체 채비 중인 듯하다. 신인상에 번데기로 등단하여 아직 이 상태를 벗지 못한 나는 언제쯤 날개를 펼 수 있을까? 나 자신을 잘 알면서 마음대로 하지 못하니 늘 고행하는 길을 가고 있으니 팔자인가 보다.
　결단력이 부족하니 여전히 비울 줄 모르고 포기를 모르니 욕심으로 가득하다. 하지만 어찌하랴, 뚜벅뚜벅 황소걸음으로 살아가는 것이 숙명인 것을.

　고향집 삽작엔 한 아름이 넘는 늙은 살구나무가 있었다. 바로 옆에서 全州李氏 完昌大君派 福자性자(일명 相鶴, 적명 叔模) 아버지께서 1, 6일 장날 대장간을 여셨고 다재다능했다. 坡平尹氏 香자月자 어머니께서는 정말이지 강하고 총기가 있으셨고 눈물겨운 분이셨다. 어른께는 늘 반듯하게 인사하고 어려운 분들과는 인정을 나누며, 청결하고 근면하게 살도록 가르쳤다. 풀무질도 하고 뫼 질과 튀밥도 튀기며 산림청 국유림 비탈밭을 일구면서 구 남매의 가운데 맏이로서 가난과 싸우며 자랐다. 공부벌레 소리 들어가며 주경야독으로 행정학 박사학위를 취득했다. 아내 沔川卜氏 仙花 여사는 산림청 땅에 무허가로 지은 아궁이에 불을 때던 한 채뿐인 고향집에 시집와서 부모님 잘 모시고 삼 남매 낳고 지금껏 헌신해 온 초등학교 동기로서 친구이자 가장 고마운 나의 반쪽이다.

 글을 쓰고 보니 대체로 대범하지 못해 소심하고 치밀하다. 또한 문학적이지 못하고 사무적이고 사회적이고 더 나아가 지엽적이며 애국적인 글이 많다. 태생적으로 수리와 과학 분야에 더 자신이 있었다. 지난 40년을 공복으로 살아온 데서 완전히 탈피하지 못하고 있음의 방증이다. 더불어 주경야독으로 평생을 행정학과 경제학, 법학에 심취하여 시험과 경쟁 속에서 굳어진 심성이 원인이 되었으리라. 따라서 애벌레에서 고행 중인 번데기는 우화(羽化)를 통해 성체로 훨훨 날아가는 중간 단계이듯이 나의 시작품은 언제나 이 단계에 머물러 있다. 아무쪼록 시인이라면서 독자들에게 시다운 시집을 자신있게 선보이지 못함을 널리 혜량하길 바랄 뿐이다.

 먼저 문학인의 길로 맺어준 전)한국문인협회구미지부장 김홍섭 시인님께 감사드린다. 무엇보다도 작품에 대한 긍정의 지도로 미력한 사람의 눈을 뜨게 하여 등단의 길을 열어준 문학평론가, 시인, 시조 시인인 김 전 지도

교수님께 한없는 고마움에 감사를 드리며, 편집을 맡은 맹신형 팀장님께 감사드린다. 신인상 수상을 통해 등단과 더불어 늘 아껴주는 월간 한국국보문학 임수홍 이사장님께 거듭 고마움과 감사의 마음을 이글로 대신한다. 또한 전문예술인 활동 지원사업을 추진해 준 구미문화재단 김장호 이사장님, 이한석 대표이사님, 임윤이 창작기반팀장님, 김수연 주임님과 선정해 준 심사위원님께도 감사드린다.

끝으로 언제나 눈 감으면 그리움이 복받치는 아버님과 어머님, 지난해 말 상수(上壽)로 유명을 달리한 김해 배씨 영자 숙자 장모님, 아내를 비롯한 나영, 정우, 혜영이 세 남매와 사위 이상묵 선생, 김영진 소방관 그리고 다윤, 시윤 외손주, 나의 9남매 중 위로 이자, 성옥, 수자, 성순 네 분 누님과 가족들 그리고 아래로 성숙, 옥기, 화숙, 성도 넷 아우님 가족들께도 사랑의 마음을 담는다. 평소 아낌없는 관심과 성원을 해주신 모든 지인과 친지, 친구들에게 존경과 사랑의 마음을 담아 깊이 감사드립니다. 모두 존경하고 사랑합니다.

2025년 6월 27일

한국정경법학연구원 우거에서
서우당 **이성칠** 배상

| 추천사 |

삶의 경험으로 세상과
대화하는 시인의 철학적 메시지!

임수홍(한국문학신문 이사장)

　인생은 누구나 빈 그릇으로 태어난다. 프랑스의 장 자크 루소가 『인간불평등기원론』에서 사람은 평등하게 태어나지만 살아가면서 교육과 체험, 지식 등에 따라 평등의 기준이 무너진다고 말했다. 비록 빈 그릇으로 태어났지만 살아가면서 그릇의 용량이나 담기는 내용의 가치는 스스로 노력해야 하고 또 땀을 흘리면서 이룩하는 것이다.
　이성칠 시인은 남들이 상상할 수도 없는 삶의 여정을 끊임없이 이어왔다. 그래서 고독한 시인이다, 그러나 이성칠 시인은 그 고독을 숨기고 안으로 다독이며 겉으로 꺼내서 보여주지 않는다. 왜냐하면 詩와 삶의 동일성을 이룩하기 위해 자기만의 목표의 창조적 이미지, 즉 보오들레르의 조응(Correspondances)이나 P.verlaine´ 운율(Infinite) 등은 그의 詩의 목표점에

도달하여 갖는 자기만의 성(城)을 만드는 일환이었기 때문이다.

그러면서 자신의 꿈인 별을 따기 위해 늘 튼튼한 사다리를 준비하는 치밀함과 어린아이처럼 순수의 정서를 그리는 희망의 불씨를 가슴에 품고 주변 사람들과 소통하려 애쓰는 노익장이다.

이성칠 시인의 시집 『번데기 시인의 환생』은 제1부 「꺼지지 않을 민족혼」, 제2부 「바람 부는 날의 사색」, 제3부 「시인은 내일에 산다」, 제4부 「잡초도 꿈이 있다」, 제5부 「호박잎 인생」 등 5부 81편의 주옥같은 시들이 거대한 탑(塔)을 이루고 있다.

특히 이성칠 시인은 어려운 여정 속에서도 배움의 끈을 놓지 않고 지방부이사관(3급)과 행정학 박사 및 대학 강의 등 보통 사람들이 쉽게 이룰 수 없는 금자탑을 이룬 삶의 철학이 詩에 고스란히 담겨 있어 독자들에게 꼭 읽어보시라고 자신 있게 추천을 하는 바이다.

/ 차례 /

작가의 말   3
추천사 임수홍(한국문학신문 이사장)   6

1 꺼지지 않을 민족혼

가지가 대롱대롱 맺힐 때	14
감꽃 주워 먹던 시절	15
경칩驚蟄	16
고행의 동안거	17
고향 구름	18
고향집 삽작걸	19
금오산金烏山 연가	20
금화계곡의 새해맞이	22
나팔꽃 소리	23
꺼지지 않을 민족혼	24
꽃비 흩날릴 때	26
난고의 영월 태극의 빛이여	28
노계문학관에서	29
내 고장 칠월	30
노자老子처럼 살아나 봤소	32
늦가을 산사에서	33

2 바람 부는 날의 사색

다향천리	36
대추나무	37
대장간	38
들깨와 참새똥	40
만남	41
매일아 밥 무라	42
백제의 숨결	43
문경새재	44
바람 부는 날의 사색	46
번데기의 환생	48
벚꽃 달 뜨는 마음	49
보릿고개	50
보석 같은 오월	51
봄이 오는 길목에서	52
빗방울 눈물 되어	53
사각거림의 유혹	54

/ 차례 /

3 시인은 내일에 산다

산수유의 우아함	56
살구꽃 필 적엔	57
삼짇날	58
새해 소망	59
서릿발	60
섣달그믐날	61
소쇄원 느티나무의 꿈	62
쇠비름	64
소나기. 2	65
소나기. 3	66
시래기 엮으며 문득	68
시인은 내일에 산다	70
아내의 늙은 밥상	71
아버지의 대보름날	72
앨범 속의 설날	73
어머니 가시던 날	74

4 잡초도 꿈이 있다

어머니의 사랑	78
여가비 탓하랴	79
열무가 익는다	80
영원토록 한가위만 같아라	81
완두콩	82
인생역	83
입춘방	84
잡초도 꿈이 있다	86
전설 가득 외가에서	88
주말엔	90
진달래꽃 필 적에	91
차산에서 님 그리며	92
참 벗은 얼마일까	93
창바우 바닷가에서	94
첫눈은 금오지金烏池 적시고	95
첫눈 눈물 되어 흐른다	96

/ 차례 /

5 호박잎 인생

청백리 혼불	98
추로지향의 빛과 그늘	99
청풍호 사랑	100
춘삼월엔 사랑으로	102
폭설	103
푸른 용의 저주	104
풋사랑 그리운 칠석	105
하늘다리	106
한겨울 시화전	107
하늘이 내린 땅에 사람이 산다	108
한밤중 바람맞은 첫눈	110
해바라기	111
현대판 청백리	112
호박범벅	113
해후 그리고	114
호박잎 인생	116

* 시집해설
삶의 희망 속에 꽃 피운 서정시   117
   - 김 전 (시인, 시조시인, 문학평론가)

제1부

꺼지지 않을 민족혼

가지가 대롱대롱 맺힐 때

훔쳐보기 민망한 한낮
넓적한 그늘막 신혼방 차렸다

당당하게 하늘 향한 자주색 꽃잎 병풍
진노랑 수술 내밀고
벌 나비 유혹하며 꽃잠마저 내쳤다

욕심 끝에 거세한 흰 고추만 달았다
탯줄 꼭지 마르자 가지는 커가고

자줏빛 지나 검은빛의 부끄러움이야
그늘막마저 지쳐 누런데
땅 향한 순수에 대롱대롱 매달려 있다

감꽃 주워 먹던 시절

울타리 넘어 고즈넉이 핀
다닥다닥 황금빛 유혹
보릿고개 넘본다

사각의 상투 훌훌이 벗고
흙투성이 뒹구니
아이야 너의 먹거리다

시커멓게 쉬 졸음 오니
바삐 흰 실에 차곡히 꿰어라

소꿉장난 색시 황금목걸이
하나씩 뽑아 오물거린다

밀 보리 도리깨질에
탐스런 살구 후드득 떨어지니
보릿고개 아스라이 저물고

까맣게 태운 벌거숭이들
머리칼엔 이슬마저 영롱하고
씁쓰름 맛 다시며 비질한다

경칩 驚蟄

내 한 뙈기 텃밭엔 뭇 생명들 별천지다
개미 지렁이 개구리 메뚜기 벌 나비 날아든다
집 나간 고양이 길 잃은 고라니도 다녀간다

겨우내 덮어둔 검불 걷어낸다
늦가을 뿌린 상추 배추 유채 고개 든다
분간될 만큼 연초록빛 짙어간다

아기 무덤 같은 무 구덩이 헐어낸다
방금 뽑은 듯 무들이 석 달 만에 봄볕 쬔다
껍질 벗겨 한입 아싹 베무니 매콤 달짝지근하다

부스스 눈뜰 사이에 조용히 쟁기질한다
일찍 봄물 머금은 나물들 소쿠리 가득하다
달래 무침 무 냉이국 저녁상마저 게걸스럽다

고행의 동안거

울긋불긋 잎새들
기운 끊기고
청명한 하늘
열매 맺느라 소진했다

엄동설한 지켜주려
마지막 잎새 안되려고
조선 여인 논개처럼
미친 듯 뛰어내린다

잎새 흙이 되니
그 영혼들 지키려
어느 분신으로 태어날
새로운 자리 꿈꾸며
구천 훨훨 떠돈다

차분히 뉜 잎새
이성 지배할 냉기
서릿발로 폐부 찌르니
고행의 동안거 듦은
봄이 있기 때문이다

고향 구름

이 마을 저 마을
더운 열기 못 참고
두둥실 떠올라 고향 마을에 섰다

창공 뒤덮은
대표 선수 먹장 구름들
밀리고 밀리는 힘겨운 싸움 시작된다

초록들 점점이 손짓하며
가냘픔에 고개 숙인 땅강아지처럼
목마름에 발버둥 친다

드디어 고향 구름 손님처럼 찾아와서
머리 위 머무르다 말고
한없는 동그라미 그려대며
느낌표 찍는다

고향집 삽작걸*

고향집 문설주엔 복조리와 오색 연실 걸리고
오래전 강남 간 연자燕子 집은 거미줄에 갇혔다
진종일 그늘막 내린 북쪽 벽에 걸린 실겅**엔
올망졸망 시래기가 도루묵처럼 엮이었다

언제 심부름 떠날 날 기다리는 주전자들
한 되 두 되 차례로 잠겨 묵언수행 중이다
옆구리 터진 입으로 한 많은 설움 새기며
우글쭈글 늙은 주름 늘어가듯 세월 삼켰다

주인 떠난 본채와 아래채 헛간이 낮잠 자고
보름달 떠오른 고향집 기다림 하염없어
늙은 살구나무 기댄 삽작걸
시커멓게 입 벌리고 하품을 한다

* 삽작걸 : '대문 길'의 경북 구미지역 사투리.
** 실겅 : '시렁'의 경북 구미지역 사투리.

금오산金烏山 연가

첫사랑 맺어준 금오지엔
눈물샘 한가득
청춘의 꿈 품은 거인상
청잣빛 하늘 벗 삼았다

반만년 주리 틀던
굴곡진 능선처럼
골골이 땀 밴 대혜폭포
마른 숨 토한다

조선의 한 떼기 주린 배 채우며
인재 찾던 야은 선생
성리학의 조종祖宗* 되고
보릿고개 떨치자며
현월봉 비행기로 날던 중수中樹 박통
한강에 우주선 띄웠다

오라
돈 고픈 사람들아
오르고 오를 꿈자리 들판처럼 널려있고

날자
드날릴 인재들이여
이름값 새길 병풍바위엔 금까마귀 난다

* 조종(祖宗): 어떤 분야를 본격적으로 일으킨 사람을 비유적으로 이르는 말.

금화계곡의 새해맞이

내린 눈 잠든 능선 따라 까마귀 날고
하룻밤 지샐 시인들 모여
밤새워 윷놀이로 새해 맞는다

작은곰자리 내려와 눈인사하고
공산에 떠오른 달 따라 연 띄우면
한 줌 재 되어 푸른 용 오른다

뚝뚝 떨어뜨린 녹수
붉은 핏빛 되어 금화지 그득하니
꿋꿋한 한치 심장 잠재울 길 없다

이 삼경 적막한 금화계곡엔
싸한 냉기만 담았으니
바람마저 잠에 취했다

나팔꽃 소리

소리 없는 보라들의
속삭임 들리는가

구름 낀 뒤안길
넘지 못할 철조망
우아하게 휘감는 기쁨의 소리

한 뿌리에서 뻗어간 지구인들
자전하는 소리 듣지 못하듯이

무수한 녹색의 사랑 잎 같은
세계시민 위한 지구 관악대
소리 없는 외침

어두운 곳에는 사랑을
무섭고 강한 곳에는 평화를

인간들 삶에 기여했다며…
해 뜨자 수줍어 고개 숙인다

꺼지지 않을 민족혼

우주와 땅 기운으로
초록빛 날개 기지개 켜며 조선을 품었다
진 가뭄에 거친 숨 몰아쉬며
꽃 잠든 첫새벽 이슬 머금고
힘찬 날갯짓
배불뚝이 하얀 말뚝 되었다

아 조선 사람 함께한 반만년
영원토록 이어갈 두둑한 배짱
푸른 날개 단두대 서고
굴비처럼 엮이어 그늘막 매달렸다

황금 치마 색시며
빨간 고추 총각
상투 튼 마을 영감님인들
함께 버무려질 조선 사람 아니더냐

외침에 갈가리 난도질 되어
당파싸움에 처절한 젓갈 품고
장렬히 김장독 뛰어들었다

숨죽인 시래기
곰삭힌 무의 순국
주린 배 애환일랑
조선 여인들 챙겨줄 삼시 세끼
꺼지지 않을 민족혼 되리라

꽃비 흩날릴 때

집채만 한 눈송이
송골송골 맺는 날 오기까지
맨살 뚫는 꽃눈의 진통처럼
두 사랑
가슴 시린 울림이었다

하얀 애드벌룬 떠 있는
그늘에서 맺은
첫눈 오는 날 그리며 한 약속
꽃망울 맺듯이 설렜다

우리들 디엔에이에 비할 바 아닐텐데
수만 송이송이 파르르 떠는 날마저
변치 않으니
봄비마저 살포시
사랑의 눈물 머금는다

온 나라 꽃잔치 펼치는
도깨비 같은 그 약속들
놀랍고 두렵기 한없다

하물며
하나뿐인 우리 사랑
첫눈 오듯 만나자는 약속마저
꽃비처럼 흩날리니
이 어찌 축복이냐

난고의 영월 태극의 빛이여

노산군*으로 내려간 단종의 한이여
재기의 말발굽 소리 천지 흔드는데
청령포 한줄기 솟구쳐 조선을 덮는다

세대 거슬러 간 난고** 김삿갓
예나 오늘이나 탐관오리 조상을 저격하니
바보 시인의 결기 풀잎에 맺히네

아우라지 흘러온 평창강 아리랑
눈물의 역사 간직한 체 말 없는 동강에서
남한강물 서해로 대양의 산 같은 애환이여

때 묻지 않은 달빛 영롱한 아침이슬 머금는
반짝이는 영월은 반도의 한가운데
억겁이 흘러도 건곤감이乾坤坎離 태극이로다

---

* 노산군(魯山君): 조선 제6대 왕인 단종(1441년, 세종23~1457년, 세조3)이 세조에게 왕위를 빼앗기고 강봉된 칭호이며 영월로 유배됨.
** 난고(蘭皐): 김병연(1807~1863)의 별호. 경기도 양주생. 강원도 영월 김삿갓면 묘소. 호는 김립(金笠). 김삿갓.

노계문학관에서

그토록 뵙고 싶었던
영천 북안면 도계서원 앞에
가사 문학의 대가 박인로 선생께서
늦은 시각까지 기다리고 있었다

반중 조홍 감이 등불 들고 어머니처럼 기다린다
뜰엔 황색감이 비바람 거느리고
먼저 눈에 들어온 가사 보니
몇 년 전 떠나가신 어머니가 보인다

갓골 너머 감나무밭엔
아이 주먹 먹감이 탱글할 즈음
친구 따라 훔쳐 줍던 시절
파노라마처럼 펼쳐진다

의병에서 무과급제하고
이십 년 충정에 만호로 은퇴해서
송강 고산과 함께 가사 문학의 3대 시성에 올랐는데
사십 년 연금 수급자 따르기 아득하다

내 고장 칠월

망망대해 저 창해엔
희뿌연 고래 석양빛 받아
긴 여운 남긴 채 떠나가면

저기 저 공해쯤
날랜 꽁치며 고등어 무리 지어
새하얀 물거품 두둥실 뜬다

손 내밀면 잡힐 듯
해수면 가까이 정다운 멸치떼
흔적 없는 동그라미 그려대는

공엽선* 빼곡히 울타리 친
내 고장 칠월은
바다를 뒤집어썼다

* 위 시에서 여객기=고래, 여러 새 떼=꽁치와 고등어 무리, 잠자리=멸치 떼, 고향하늘=바다로 치환(置換)했다.

* 공엽선(空葉線, the skyline of leaves): 『新청백리 출현을 향한 꿈 목민봉사상』(이성칠 저, 2019.8.10, 도서출판 에드게이트, p.197)에 "수평선, 지평선, 그리고 '공엽선'으로 명명하자!(20170723 이성칠)"란 제목으로 쓴 처음 주장한 용어이다. 전체 내용은 다음과 같다. "수평선, 지평선, 그리고 '공엽선'으로 명명하자! - 나는 이 세상에서 처음으로 '공엽선(空葉線; the skyline of leaves)'이라는 새로운 이름을 짓는다. 이미 수평선이나 지평선은 영어로 the horizon, the skyline이라는 표현이 나와 있다. 숲속을 거닐거나 공원을 산책하고 등산할 때 가끔은 팔베개하고서 하늘을 올려다본다. 이때 자연의 경이로움을 느껴 보았는가? 나무와 나무를 잇는 나무꼭대기에 빼곡히 자태를 뽐내는 잎사귀들의 경이로운 자태를 보라. 창공에 맞닿은 한 잎 한 잎 나뭇잎들이 자아내는 선들을 어찌 아무런 표현도 없이 감상만 한다면 너무 무의미하다고 생각된다. 그래서 나는 이 선을 이 세상에서 처음으로 '공엽선(空葉線; the skyline of leaves)'이라는 새로운 이름을 짓는다. 누가 뭐래도 이 선을 보고 그냥 지나쳤다면 누구나 지극히 정상인이라 하겠다. 다만 나는 그냥 지나칠 수 없었다."

노자老子처럼 살아나 봤소

세상살이
물 흐르듯 하면 돼

여느 골짜기
옹달샘 퐁 퐁 퐁 솟아
어차피 낮은 데만 흐를 몸

막으면 돌아가고
계곡에선 졸 졸 졸 노래하고
깊으면 채워서 가세

넓으면 입 닫고 눈 귀 열어
하염없이 가노라면
저절로 합쳐지고

기어이
넉넉한 바닷물 되듯이

늦가을 산사에서

칡넝쿨도 지친 잎 누렇게 뉜
산사 가는 길 뒤 돌아본다
누대에 걸쳐 어느 나라든
왕후장상 사농공상 옛사람 생각한다

자연이 빚어낸 갈등나무
한없는 욕심이란 단어 문득 떠오른다
어쩌면 자연은 일찌감치
인간들 한치 속 심장 꿰뚫었나 보다

칡넝쿨 누렇게 변한 잎사귀 보니
오욕칠정에 퇴락한 이 몸과 다름없어
법당에 좌정하고 설법 들으니
되돌아갈 구도의 길 아득하기 그지없다

부처님 그대로 대웅전에서
칡과 등나무 본디 난 자리에서
늦가을 문턱 인간들만 쌓인 번뇌
말없이 벗어두고 떠난다

제2부

바람 부는 날의 사색

다향천리

하늘은 청명하고
지기는 은근하여
물 좋은 마창진* 삼남 땅은
사람 향기 가득한데

남쪽 바다 내 고향
상전벽해 되어 아득하건만
차담 나눈 님 그리며
삼남땅 찾아드니

바람 잠든 천주산
진달래꽃 적신 이슬 모아
차 끓여 마시니
님의 선정이 다가오네

---

* 마창진 : 마산시, 창원시, 진해시가 통합된 창원특례시가 되기 전 3개 시를
  함께 부름

대추나무

은하수 내려 연두의 별꽃 세상
오밀조밀 우주 속엔
꿀 품은 벌과 개미며 노린재가 논다

대추 밤 배 감 오직 대 이을 씨 하나
스스로 왕의 자리 지켜 가려니
어린 왕자 몸엔 가시마저 걸쳤다

보고 안 먹으면 늙는다는 베풂에
쪼글쪼글 늙은 가지마다
탱글한 푸른 청춘 알알이 맺었다

대추나무 연 걸리듯 늘어난 삶이지만
한여름 폭풍우 온몸으로 막았으니
주름 깊이 영글어 훈장처럼 빛난다

대장간

오일장이 서면
으레 주막걸* 불미간** 굴뚝이
하루종일 거친 숨 내뿜는다
십리길 장꾼들 들고 온 연장
호미, 괭이, 낫, 칼, 작두가 뉘인다

두드리고 잘리고
쇠 덧살에 찰흙 묻혀진 뒤엔
녹아내리는 열락의 불지옥에서 나와
뚱 땅 뚱 땅 뚱 땅
땅땅 땅땅땅 땅땅땅
뫼로 두드려지고 망치로 옴팡지게 두들겨 맞는다

숫돌에 갈려지고
슥 삭 슥 삭 슥 삭
첩첩 슥 삭 슥 삭
담금질 이어지면 무딘 쇠 정신이 들고
후미진 뒷산 자갈밭에 신접살림 꿈꾼다

해거름 무렵 새로운 주인 만나
금방 코뚜레 송아지 앞뒤로 어르면서
얼큰한 막걸리에 기분 좋은 장꾼들
연장 챙기고 눈인사로 치부하면

돌아가는 길가엔 뒷산 노루봉 그림자 내려오고
굴뚝엔 밤이슬 내린다

* 주막걸 : 경북 구미시 광평동 다송마을 경부선 철로변 10여 호의 작은 마을로 구미 5일 장을 오가던 장터길이었다. 지금은 마을 가운데로 4차선의 박정희로가 개설되었으며, 시인의 고향집이 있다.

** 불미간 : '대장간'의 경북 구미지역의 옛말이며, 시인의 선친(1920년생)께서 1, 6일 구미 장날 직접 경영했다.

들깨와 참새똥

평화로운 봄볕에
넓은 장막의 진지 구축되고
열사의 볕과 폭포수 받아
무럭무럭 불꽃 피워 탄환 만들었다

갈색의 단단하고 고소한 들깨
탄창에 꽂히는 순간
조잘조잘 노래하던 참새떼
중대로 틈틈이 포르륵 날아든다

주말 농장주 키 넘겨
네댓 되 족할 기대감만 잔뜩 안고
이젠 평화롭게 진지 철거하고
탄환 수확하니 빈 벌집뿐이다

만남

호랑나비 훨훨 호박벌 붕붕
봄꽃 잔치에 뭇 손님들 초대되니
안개꽃 같은 소녀 가슴 부푼다

소나기 쏴 아 천둥은 번쩍
하늘엔 무지개 앉아있고
진달래빛 처녀 연지곤지 찍었다

석류알 여주알 백번 터져
수채화 물든 들판은 미술관
보름달 품은 박꽃 저문다

마른 잔디에 찬 이불 덮고
식은 달 따라 나온 샛별 길동무
45년 만의 북망산천에서 무슨 말 나눌까

매일아 밥 무라

아침마다 차랑하게
매일아 밥 묵고 핵교 가야제
뒷집 아지매 동네 아침 깨운다

소꿉장난 내 색시 옆집 자야
가을걷이 새참 국수 머리에 이니
대소쿠리 흔들거린다

야 이 저녁 무라
여기저기 애들 부름에
외로워진 동구박에 해거름 다가온다

고향집 빙 둘러친 그리움
모두 되돌아가고 머릿속 밥 내음
메아리 되어 윙윙거린다

무쇠 밥솥 아가리 벌린 체
식구들 찾아 나선 어머니 하염없이
정지문 넘나든 밥심 석양처럼 길다

백제의 숨결

동해에서 떠오른 태양 뒤로하고
서쪽으로 수십 년 만의 사절단 되니
서동 왕자와 선화공주 다소곳이 맞는다

어둠에서 홀연 나타난 무령왕
찬란한 안식처마저 열어젖혀 빈손이니
환두대도며 금관 장식 모두 헌납하고
만년 궁엔 사신수 대신 나그네들 교대한다

해동증자 망국의 의자왕 한 서린 부소산
낙화들의 넋 고란초에 방울져 묻어나니
사십 리 백마강 피눈물 가득 금강 적시고
용맹한 황산벌 깃발 뱃전에 나부낀다

백제여 백제여 찬란한 화해와 용서는
궁남지 연꽃 피듯 드넓은 평화 갈구하고
국화 꽃망울 터뜨릴 향기 석양에 맡기며
져 주는 게 이기는 처절함 온몸 가득 담는다

문경새재*

새들도 넘나들기 버거운 데
봄빛이 머문다
산벚나무 연두에 연분홍 처녀가 운다
엇갈린 과거길 한숨 묻어
시름 드리운다

끝없는 골짜기 목축이느라
때늦은 참꽃 각시 외롭다
떠도는 낙엽과 꽃잎
처진 뒷모습마저 겹치니
물가엔 어설픈 봄 흐른다

반기는 주흘관主屹關
봄비마저 멈추니
구름은 스멀스멀 산기슭 오르고
긴긴 삶 소나기 같은 만남
길손들 저녁노을 서두른다

* 聞慶새재(鳥嶺): 충청북도 괴산군 연풍면과 경상북도 문경시 문경읍 사이에 있는 고개다. 제1관문 주흘관(主屹關), 제2관문 조곡관(鳥谷關), 제3관문 조령관(鳥嶺關)이 있다. 최고점 해발 632m이며, 백두대간 중 소백산맥에 1,017m 높이의 조령산이 있다. 영남 선비들이 과거 길에 화령과 함께 사랑해 마지않았는데, 죽령으로 향하면 죽죽 미끄러지고 추풍령을 넘어가면 추풍낙엽처럼 떨어지는 데 반해, 문경새재를 넘으면 말 그대로 경사를 전해 듣고(聞慶) 새처럼 비상하리라 믿었기 때문이란다. 경상북도 도립공원으로 지정되었다.

바람 부는 날의 사색

들창문으로 입추 끝자락의 열기가 밀려온다. 반바지에 셔츠만 걸친 채로 눈치 볼 여력마저 없다. 간절기엔 처녀 봄바람 만난 듯이 게걸스럽다. 아직 짙은 녹음의 잎사귀들을 사정없이 후려치니 재수 없게 걸려든 것들은 비행접시 내리듯 바닥을 쓴다. 팔월은 경계선이니 시샘이 많다. 바람 불어도 더운 바람이라 탓하고 자칫 훼방꾼 노릇이다. 될 수 있으면 살랑대며, 오는 듯 가는 듯 기본만 하면 된다. 태풍급 아니면서 창문 틈새로 자전거 바퀴 바람 빠지는 소리만 더한다. 조간신문 운세 난을 보았다. 분명히 바람 부는 대로 따르면 재물 운이 붙는다고 했겠다. 아침 바람은 제정신 아니어서 오후가 되니 바람 같은 바람이 분다. 하지만 어쩌나 동서남북 사방에서 불어 재낀다. 이런 식의 운세라면 난들 자리때기 펼 만도 하겠다. 바람이 분다. 늙으나 젊으나 바람은 분다. 그 바람 잠재울만한 일이 분명 일어날 것 같다. 온 얼굴에 홍조와 가슴 쿵쾅거리며 눈빛은 참새처럼 사방으로 굴린다. 눈빛이라도 마주쳐야 바람의 역할을 다하는 것을 그를 일이 없다. 아 이런 세대들은 무슨 재미로 사나. 무슨 낭만과 로맨스가 있단 말인가. 서글픈 시대에 부는 바람 탓이 아니면 무엇이란 말인가. 오후 내내 불던 바람이 저녁까지 불어 댄다. 바람에 실려 온 좋은 일을 내가 못 느끼는 둔재인가. 아니면 말 못하는 바람이 기꺼이 나에게 뭔가 들려주겠다는 뜻인지. 몽환의 형광등 아래 생각 더한다. 자판으로 깨닫기에는 너무나 멀다. 아직도 들창문 틈새로 바람이 분다. 하지만 선풍기 바람에 밀려간다. 종일 열기 식히는 선풍기 모터의 회전만큼 주인 잘못 만난 수고로움에 자리를 박찬다. 바람을 잠재운다.

번데기의 환생

겨우내 꽁꽁 싸매어
대롱대롱
소리 없는 풍경 되어 매달렸다

한 점 동굴 속
면벽 수도승처럼
캡슐 속
불구덩이 넘나든 우주인 되어
묵언수행하고
단식 끝에 환생하니
생불이 따로 없다

잡고 잡아먹히는 것보다
더 엄혹한 시절
사마귀 수레에 덤비듯 하며
다음 생 눈 뜨고 보니
온 세상 아득히
갈 길마저 수상하다

벚꽃 달 뜨는 마음

보름달 피어나는 언덕에
운동장만 한 꽃 달이 떴습니다
지난해지고 어김없이
누구 보고파 보름 앞서 피었을까
꽃 빛 환히 밝힌 그믐밤에

눈썹달 잠에 겨운 느티나무숲에
하늘을 뒤덮은 꽃 장막 수놓았습니다
초대장 없는 축제장
밤 지새며 꽃 무대 꾸몄을까
꽃비 속 반길 임은 어디쯤

보릿고개

오월의 게걸스러운 바람마저 졸고
밀보리 까칠한 수염에 빗물 염치없이 흐르면
오동통 살 오른 찔레순 눈에 들어온다

사각의 노란 감꽃 담 넘어 손짓하고
아장아장 병아리 떼 어미 그늘에서 졸면
하얀 감자꽃 노란 수술 내밀어 벌 나비 찾네

삶은 보리쌀 시렁엔 보리 개떡 누워있고
올망졸망 친구들 송구 꺾어 피리 불던
찬란했던 저 고개 언제 또 넘는다더냐

보석 같은 오월

일 년 내내 가정의 달이라면
이웃들 언제나 눈빛 마주하리

어린이날 하루라 아쉬워 마라
푸른 하늘 보며 쑥쑥 커간다

하늘과 바다 같은 어버이 은혜
하루만이라도 마음에서 벗어나라

그림자 밟지 않을 스승이시여
성년의 날 드디어 철듭니다

둘이 하나 된 부부여
사랑으로 두 믿음 꽁꽁 묶어라

오월, 보석 같은 울렁거림에
계절의 여왕 에메랄드처럼 빛난다

봄이 오는 길목에서

희끗한 눈雪 머리 인 저 산마루
살랑대는 봄바람에
참았던 눈물 뚝뚝 떨구고

두텁게 감싼 늙은 소나무
온몸 타오르는 흥분에
낡은 옷 훌훌 벗어 던진다

햇살 밀려온 양지쪽엔
쑥과 냉이 말쑥한 손짓에
뭇 소녀들 얼굴 붉어지고

카디건*과 훌훌히 이별하고
사뿐히 매무새 한 여인들
부푼 가슴 도드라진다

* 카디건 cardigan: 털실로 짠 스웨터. 앞자락이 트여 단추로 채우는 겉옷

빗방울 눈물 되어

밭떼기 쟁기질 지친 암소
허파에서 몰아치는 열기에
먼지처럼 떠밀려 간다

마을 지킴이 늙은 소나무
잔솔가지 버거워
힘겨워하는 오월 한낮

날씬한 가시 줄기에
붉은 장미 흐드러지고
산딸나무 하얀 십자 꽃받침 하늘 향한다

여느 마을에서 치솟은 뭉게구름
이곳에선
떠밀리다 머무르며 비행 멈춘다

호국의 달 낙동강 다부동엔
못다 핀 꽃봉오리
빗물이 눈물로 쏟아지며
붉은 울음 토한다

사각거림의 유혹

여름의 끝자락 튼실하게
텃밭 주인과 한 가족 되었다
지게 자리 잘 놔야
금 반열에 들어갈 신세
마주치는 영롱한 이슬 머금으니
주인 아내의 손끝에 묻어날 앙상블에
연녹색 날개 파르르 떤다

여름 한 달 가을 석 달
땡볕과 달빛 먹구름 벗 삼아
귀여움 속에 아장아장 컸다
황금빛 손바닥 겹겹이 눈 이불 덮는 날
오동통 살찌워준 구슬 같은 손길로
귀한 몸 되어 바다 뒤집어쓰고
버무린 소로 화장한다

대 이은 앵두 같은 여인의 빛과 싱그러움
삼시세끼 입술에 사각거릴 그 맛이라니

제3부

시인은 내일에 산다

산수유의 우아함

겨울 가고 봄 오는 간절기에
무엇보다 부지런히 인사 건넨다

아직 군데군데 지난 가을
빨간빛 바랜 말라버린 보석 매달았다

무엇이 그리 급해서
천사 같은 연록의 날개조차 달지 않고
우아하게 빛나는 황금 왕관으로 뭉쳤다

깊이 잠든 공원에서 홀로 뽐내며
고즈넉이 품격 자아내느라 바쁘다

살구꽃 필 적엔

이 마을 저 마을 연분홍빛 돛단배가 도깨비처럼 날아든다
하얀 장막 속에 기다림
하염없는 고향집은
어머니의 흰 머리카락처럼 안개에 갇힌다

도무지 분간할 수 없는 옛길 더듬는다
철철이 바뀌는 도깨비 장난질 삼월이 깊었구나

소꿉장난 소녀 황소 따라 연분홍 치마 날리고
강 건너 시집살이 풋살구 신맛 돌자
꽃샘바람에 점점이 흩날린 선홍빛처럼 보름달 품었다

논두렁 밭두렁 분간 안 될 연한 자태지만
아름드리 고목이 준
보약 같은 살구 맛에 길들었기에
황소 같은 낭군은 흰 돛단배
무서리에 꽃비 떨구듯 연년이 꽃봉오리 끝내 맺지 못했다

반복되는 귀향길 연분홍 돛단배
도깨비처럼 날아들면 어김없는 가슴앓이 버릇되어
씨 불알만 한 살구가 시큼할 때까지

삼짇날

강남 갔던 제비 돌아온다 하길 레
흥분된 마음잡아 흐르는 구름에 올라
삼십 년 거슬러 상봉하는 꿈에 젖다

집 나갔던 연자 다시 온다 하길 레
삼짇날 기다려서 파슬한 구덩이 파서
씨알 좋은 박씨 골라 세 개씩 묻다

너나 나나 자야로 수구초심* 되어
그 시절 그리워 되돌아본 고향집
살구나무 꽃 잔치에 아득한 꿈이런가

---

* 수구초심(首丘初心) : 여우가 죽을 때 제가 살던 굴이 있는 언덕 쪽으로 머리를 둔 다는 뜻으로, 고향을 그리워하는 마음을 이르는 말.

새해 소망

우주 공간에
변치 않는 게 있다면
변치 않을 게 없다는데

어제의 나 아니니
내일의 내가 아니더라도
물처럼 빛나고 살맛 나야지

묵은 너 끝내 저 뒷산 넘고
저 앞산 위로 되돌아온 너
하늘과 땅 보며 웃고 울던 꿈들
보리 알곡처럼 영글었다

두 손 뻗은 하늘로 용 오르고
두 발 디딘 땅에 뱀처럼 오더라도
가슴속 용암 어찌 식으리

서릿발

맨땅에 잠자던
노자 분신들
하늘 탓하며
창날 번쩍 들었다

한 바가지 적신 흔적
대한 절기 지나는데
기둥은 성성하고
밟으면 서걱거리는 아우성

언젠가 도랑물 되어
강에 빠질 꿈에
산산이 무너져 내리며
긴긴 섣달 밤 지새운다

섣달그믐날

은하수 잠들고 눈썹달마저 감긴
칠흑은 더딘 밤 더듬는데
대한 추위 머문 자리 봄밤 비친다

쉼 없이 지새운 지나온 해의 끝날
변함없이 어둠 밀어낸 힘 잃은 빛
산마루 타 넘어 뜨락 훑고 방안에 든다

산허리 돌고 돈 일 년 치 이자 섣달
정초부터 채운 사다리마저 오르니
그믐엔 밀린 일기로 새해 늦잠을 잔다

소쇄원 느티나무의 꿈

그림자 하나 믿고 지난 세월 돌이키니
내 주인 양공梁公인 줄 진즉 알았더라면
이 자리에서
천년을 꿈꾸진 않았으리

갈바람에 더디 우는 대그림자
상하지上下池에 먼지 없는 군자일 뿐
48영* 이름마저 못 올린 몸
빈손으로 뒹군 지 얼마만큼이냐

흘러간 수백 년
그때 묵객墨客이야 다시 올리 없으려니
남도땅 한 떼기 빌려
독불장군 젖어도 보았네

땅의 전령사 누군 줄 아는 그대 만나
한없는 길손들 그림자로 품어준
천년 나무의 꿈
드디어 49영에 닿아 여름 덮는다

* 소쇄원 48영(瀟灑園 四十八詠)과 느티나무: 1548년에 쓴 하서 김인후의 작품. 每詠 마다 詩題가 있고 다시 매 영 마다 오언절구로 20자의 한자로 쓰여짐. 그 내용은 소쇄원의 내원을 중심으로 이루어진다. 느티나무는 일반적으로 홰나무로 지칭되지만, 소쇄원에서는 48영 제24영 '의수괴석倚睡槐石'에서 '개미에게 물릴까 봐 두렵다'라는 구절과의 관련성으로 보아 느티나무를 의미하는 것으로 판단된다. 현재 그곳에 느티나무가 자라고 있다는 점과 소쇄원 내의 여러 곳에 느티나무가 식재된 점 등이 이를 더욱 뒷받침해 준다. 이에 시인은 느티나무를 사랑하고 가장 오래된 보호수들을 많이 봐 왔기에 49영에서 명확히 하고 싶은 마음을 그렸다.

쇠비름

미끈거림도 이순耳順 지나 세대를 건너온
쇠비름
호미 끝에 달라붙어 마디마디 뿌리
내리던 조선의 눈물이여
밭두렁에 엎드려 비 한 방울에 고개 쳐드는
동학군이었던가

이제는 밥상에 버젓이 올라앉아
보리밥 한 숟갈에 고추장 척척 얹어
배고픔 달래주는 사랑이다

언제나 밭고랑 덮어가며 속 태우는
점령군이여
아련한 눈물자국으로 다가오는
그대의 사랑이
미끄러지며 입맛을 돋군다

소나기. 2

한 끼 굶은 황소가
마른 풀만 뜯다가

하품하고
방귀 뀌고
질긴 오줌이
하늘나라 갔다가

메마른 황소울음에
마른하늘 날벼락처럼
정신없이 떨어졌다

황소 한 등짝
쇠파리 수장되는데
다른 한쪽 등은
쇠파리 떼 잔치 중이네

소나기. 3

서울서 온 능금 같은 소녀
검정 고무신 풀 묻힌 머슴애
황순원의 소설 소나기 만나
붉은 수숫단에서
둘만의 오붓하고 싱그럽던
그때는 풋풋한 순간이었다

푸른 여자애
두 팔로 들쳐업고
불어난 시냇물 돌다리 건널 적
까까머리 사내아이
장대비같이 쏟아붓는 소나기처럼
터질 듯한 가슴은
방아처럼 울렁댔다

그때의 소나기 아니더라도
길목 섬돌이며 기다리는 그 소년
분홍빛 스웨터에 묻은
지워지지 않는 흔적만큼
너는 내 낭군
그 소녀 품고 간 사랑의 증표

쏟아지는 소나기 보면
공명 되어
내 가슴에 와닿는지

시래기 엮으며 문득

고향마을 시린 텃밭 시래기 엮으며
요절한 가수 노래에 왠지 세월 거스른다

소꿉장난하던 옆집 자야 늘 각시였다
한없이 순한 순이 말 한번 못 걸고
단발머리 등굣길 책가방 바람에 날렸다
오늘도 숨 급한 열차 무심히 달린다

아내마저 무덤덤하게 배추 다듬고
간간이 유튜브 멈추면 광고 비껴 준다
푸성귀 한 주먹 이리저리 바꿔 포개면
한 줄 당기고 두 줄 밀고
오동통 살 오른 도루묵 엮듯 처진다
줄 바뀔 때마다 아득한 시절 파노라마

각시는 왜 갔을까
강 건너고 저 먼 산 너머 낯선 곳으로
서방은 살구나무 도깨비 불붙을 때
북망산 갔으니 외로운 친정집 나들이야
큰아들 자랑에 시래기 엮는 법 가르쳐 준
옆 논배미 아지매 둘째 아들 걱정만 하다가
떠난지 여러 해 풀밭엔 참새떼만 날아든다

장병 실은 열차 전선야곡으로 흐르니
첫 휴가 온 고향집 삽작걸에 서성인다

시인은 내일에 산다

사각의 하얀 공간 니코틴 뒤집어쓴 한 마리 굴뚝새
차디찬 기운 카디건 뚫고
짜르르 훑어 내리는 쓴 소주에
쥐포 한 마리 쩝쩝거리는 친구 같은 노숙자
옛사람 곱씹으며 그곳으로 거슬러 오르는 연어다
얼굴값 하면 독립투사처럼 무서운 사람이요
과거에서 온 사람 아니기에 따뜻한 아랫목 그립다
현재는 저항하지 않으니 시가 아니다
시인은 얼굴 없는 애국자며 현재를 사는 미래의 전도사다
어제도 오늘도 내일도 아프다
아프니까 청춘인 시인은 없다
그냥 본능에 지친 인간일 뿐
내일은 더 멋진 더욱 빛나는 더더욱 만족스럽고 싶다
아 그러나 언제나 내일은 오지 않으니 배고프다
내일도 살고자 지금 배부르니 인간이요
오늘 죽어 영원히 사니까 시인이다
당장 죽지 못하니 해는 다시 솟고
영원처럼 오지 않는 내일을 기다릴 뿐이다
그래서 시인은 내일에 산다

아내의 늙은 밥상

내 입속으로 걸어온
미끈거리는 자연의 맛이다
먼먼 날 수박 껍질과 함께 던져준 월사금 돼지
냠냠 쩝쩝 맛있게 먹는다
군침마저 돌았던 쇠비름
아버지의 어머니 손끝에서
참기름 무쳐 나온 특별식이다
참비름보다 더 끈질긴
주인 바뀐 텃밭에
어김없이 고개 든다.
오백 년 조상들이 넘겨준 옛 맛
어버이로부터 변함없이 넘겨받는다
또다시 버무려진
늙은 밥상 낯설지 않다

아버지의 대보름날

오일장 어긋나 농협공판장 찾았더니
너나없이 바가지탈 쓴 듯이
오곡백과 땀 내음 달디 절어
보름달 같은 호박이 산통을 한다

찹쌀에 조 귀리 팥 대추 밤 섞인 찰밥
아주까리 취나물 시래기 콩나물 시금치
맏며느리 닮은 실력 어머니와 겹치니
멀어져 간 보릿고개 안개에 갇힌다

더위 팔고 부스럼 깨물며
액운 연실에 띄워 저 너머 날리고
이 마을 저 마을 능선엔 힘 겨룰 젊음들
사그라진 보름달집 푸른 용 하늘 닿네

대보름날이면 아버지께서 불려 오고
더위 사줄 사람 없는 이 아침엔
오십 년도 더 늙은 보름달 핑계 삼아
잇몸으로 강정 씹으며 늙은 아이 된다

앨범 속의 설날

마음속 깊이 숨겨둔 설날이 불려 왔다.
하얀 이빨 드러내며 관솔불에 새까매진 뻥튀기 아버지
쌀, 콩튀밥은 강정으로 버무려 조상님께 올리고
떡국 튀밥은 아기 주고 누룽지는 할매 주고 옥수수는 내가 먹지
양말 한 켤레씩 꺼내 두텁게 설치레한다

맵시 변한 누런 한복 들쳐 입고
대님 매고 마후라 두루마기 두른다
아버지의 멋진 모습 훔쳐 매어보니 어설프고
동심으로 흐르는 내 마음 한구석 비어 다행이다
절하고 세뱃돈 받고 크게 한번 뿌려본다

오일장 다녀와 전 부치고 한 살 더 먹으니 노인인데
어떡하지 여유 없어지고 눈치만 어른거린다
명절 차례 오늘이 마지막이란다
기껏해야 종반 간인 사촌들뿐 이빨 빠진 호랑이는 말도 말래
그럴 거면 왜 기제사 지내 기왕 다이어트 핑계라도 대 보렴

어머니 가시던 날

삼일 밤 지새우던 상중
어머니 곁에 누웠다

평생 온몸 감쌌던 감응
내게서 빠져나가는 절절함에
화들짝 눈을 떴다

쓸쓸한 벌판에
나 홀로 외로이 나목이 된다

갑자기 슬픔이 엄습하고
쏟아지는 소나기 같은 눈물
호수 이룬다

아버지와 나란히 쌍분하고
나흘간 소복들 훌훌 벗었다

가족들마저 떠난 방
피로감에 잠시 눈 붙인 순간
또다시 엄습해 온 불길한 고독감
우주의 미아 되었다

부르고 목 놓아 되뇌어도
메아리마저 없는
나의 어머니여
정녕 돌아올 수 없나요

가식의 눈물짓던 시인은
철부지 머슴애 되어 울부짖었다
엄마 어머니 어무이

제4부

잡초도 꿈이 있다

어머니의 사랑

추석 대목장에서 돌아온 어머니
풀빵을 봉지째 건넨다
따스한 사랑으로 이어갈 인연 데려오라며

깊은 밤 어머니의 눈먼 바느질
엄동설한 며늘아기에게 신겨줄 덧버선
한 뜸 한 뜸 사랑으로 누빈다

부엌에서 어머니는 부추전 부치고
조상님께 대 이을 손주 점지해 달라며
정성으로 비는 자태 박꽃처럼 고즈넉하구나

어머니의 추석은 장날처럼 눈부신 데
어른들 썰물처럼 빠진 자리
한 조각 돛단배처럼 바람에 흔들린다

여가비* 탓하랴

하늘과 땅 사이에
사계절 뚜렷한데
머리 뒤집힌 인간들로
사람들 정신없으니
하늘과 땅마저 흔들린다

여름과 가을 사이에
계절 옷 갈아입는
간절기
바닷물 파도치듯
퍼붓는 소나기 웬일이냐

사람들 제정신 아닌지
간절기 제정신인지
계절 잊은 여가비냐
갈라치기 한 미친놈 탓하랴
차마 사람들 불쌍하다

---

* 여가비: 여름이 끝나고 가을이 시작되는 간절기에 뜬금없이 내리는 소나기를 저자가 지어낸 말임

열무가 익는다

늦여름 장맛비 생명수 되었다
미리 장만해 둔 어머니 품속에
맨발로 날듯이 갈매기 날개처럼
발자국에 씨 뿌리고 홑이불 폈다

공들여 두드리던 난쟁이가 놓친
아주 조그만 목탁 같은 무씨
누천년 전설과 내공 안고
푸른 날개에 믿음 주었다

대지의 탯줄 태풍마저 비꼈다
연둣빛 속치마 흔들며 반기니
이 가을 손톱 발톱 먹는다는 열무
오늘은 양푼이 보리밥이면 좋겠다

영원토록 한가위만 같아라

딸 아들 함께 간 재래시장 추석장엔
어무이 닮은 할매의 팥앙금 국화 풀빵 한 봉지
판소리꾼 딸 둔 순댓집에서 뜨끈한 국밥 세 그릇
골팬 덩어리와 채로 쓴 메밀묵 꼭 먹고 싶다

송편 빚고 나물 다듬고 전 부칠 땐 낮잠 자고
아들딸 손주들 풍성한 선물 들고 찾아오면
용돈 아껴 듬뿍 주며 할부지 최고 소리 들으며
이 세상 싫어 스스로 떠나는 날까지 살리라

고향 친구 만나 소주잔 나누며
닭서리에 보름날 옆 동네와 싸우던 옛 얘기며
간혹 기억하는 사람들 아쉬운 소리 안 듣게
팔월 보름달 닳아 없어질 때까지 살리라

어차피 한 세대 전 그 추억 속에 담긴
나의 부모님 함께 했던 그 모습으로
마음은 풍성하게 두 다리 두 팔 벌려 소쿠리처럼
입 벌리고 하얀 틀이 보이며 환히 맞으리

완두콩

초록빛 날개 펼치며
남 먼저 세상 구경했다

개미 같은 허리
여린 손 야무지게
장대 끝 하늘 닿았다

하얀 호접 날갯짓에
꿀벌과 흰나비 눈멀고
긴 대롱 선방엔 동자승들 좌선 중
달콤한 입맞춤 비취翡翠 품었다

칠성당 일곱둥이
팔공산 여덟둥이
구천동 아홉둥이
십층탑 열둥이 비취 구슬
쌀밥 연둣빛 속살 먹음직스럽다

석 달 열흘 공들여
오뉴월 땡볕에 탱글탱글 여무니
헤어질 망종芒種 설렘 반 기대 반
저마다 비취 구슬둥이 또르르 구르며 눈물지네

인생역

첫 인생길 종착역에 닿았다
아직 저 먼 두 갈래 길
아스라이 한 점 된다
모든 승객 내린 기차 되돌아가고
막 내린 인생들 홀로 걷는다

메마르지 않은 힘 비우지 못한 꿈
노는 곳 비울 그릇 없어 아득하다
되돌아간 기차만 멍하게 바라본다
야속한 기관사인들 다를 리가 없겠지만
출발하는 뿌듯함에 취한 사람들
중간역 설 때마다 느긋하게 구경하며
기왕에 쉬엄쉬엄 돌아보며 올 것이다

종착역에 내린 인생에게
어디 가느냐 묻는 것 예의 아니다
두 번째 인생길 아득한데
여행하며 노는 데 여섯 달
종착행 인생 기찻길 있으면
비지떡 값이라도 춤추며 오르리라

입춘방

지난해 입춘방
국태민안* 가급인족**
입춘대길 건양다경 떼어내고
올해 입춘방
입춘대길 만사형통
건양다경 붙인다

24절기 내내
아파트 출입문엔
양상군자마저 찬바람에 비껴갔건만
오호통재라*** 이태원 한마당엔 바늘땀마저

노트북에 진즉 붙였으면
여러 번 도전장 탈락 메시지
랜섬웨어 바이러스 안 걸렸을걸
휴대폰 찍어 놨더니
보고 픈 목소리 한 통 없지만
알아라 오라 달라 아직 쓸만해

하여튼 멀쩡히 숨만 쉬면 됐네
올해는 세 장만

* 국태민안(國泰民安): 나라는 태평하고 국민은 편안하다.
** 가급인족(家給人足): 집 집마다 넉넉하고 사람들은 풍족하다.
*** 오호통재(嗚呼痛哉)라: 아아 슬프고 원통하다

잡초도 꿈이 있다

때늦은 장맛비 물컹거림에
옅은 뿌리 깊이 박는다
피붙이 한 점 없지만 한 치 박을 흙이 좋다
밟히고 뜯기고 뽑힐지언정
죽어야 사는 군인처럼 또 일어선다

마른하늘 이불 삼고 창 내밀어 꽃 피우면
자식들 한없이 퍼뜨린다
눈보라엔 거뜬히 긴긴 꿈 꾼다

한 바가지 물이면 괜찮다
그마저도 아니면 잔인한 더위 뒤에
아침이슬 머금으면 돼
재워 놓을 곳간 더 받을 손조차 없다
한해살이 삶 대대로 살아간다

소금 내 나는 바다며 늙은 고목 아래
북극곰 사는 빙하며 뜨거운 물 솟는 온천
모래 날리는 사막 아스팔트 마천루
미사일 터질 전쟁터 아니면 좋다
이 눈치 저 눈치 보는 곳 더더욱 싫다

억겁의 시간 흐르는 사계절
봄비 맞으며 꽃피면 벌 나비 날아들고
자식들 뿌리내릴 한 줌 흙이면 그만이다

전설 가득 외가에서

엄마의 강 건너온 희미한 옛 추억
몸뚱이 가득 담는다
오줌싸개 소금 받아오던 키 넘쳐
빈 장독대마저 전설 속에 존다
조그만 병아리 주먹에 남겨진 사랑
대를 이어 외손주 머물다 간 여운 속에
외할머니께서 선물로 싸매준 포대기
젖내 둘러친 모친의 등에 업힌다

다섯 남매 막내마저 서방 정토 밟아
주인 바뀐 지 오래된 외가
텅 빈 마당 지킨 고욤나무
먹음직스러운 굵은 알
이빨 사이로 단내 빨아먹던 아련함
꿈결 속에 익는다
배부른 가식의 한 점
추억으로 되돌릴 태엽 버겁다

하룻밤 함께 지새우고 싶은
막내딸의 간절함마저 외면한
꿋꿋한 외할머니의 꼬부랑 길 스산한데
외손주 뒤로하고 산모롱이 해거름 내리면

숨겨둔 지팡이 보내드린다
한 세대 비껴간 고향집 부엌
하마처럼 눈물짓는다

주말엔

무지개처럼 내 마음 펼치고 싶어요
나는 옴팡지게 보내고 싶어요
흘러간 강물 돌아오지 않아요

개미처럼 일한 당신
오늘 접시꽃 위에서 나비 되어요
나는 바람 그네 되어 흔들어 줄게요

사랑 찾는 그대
장미꽃 한 송이 드리고 싶어요
강물처럼 함께 손잡고 흘러가고 싶어요

대나무 마디처럼
완행열차에 몸 싣고 쉬엄쉬엄 갑시다

진달래꽃 필 적에

금오 영봉 줄기 직살뫼 아래
토끼 굴에 부부 살고
그 아래 폐사지엔
늙은 대나무 숨죽여 운다

삭정이 밑받침에 낙엽 긁어
떼장해서 지게에 동여매고
온 산의 대장군 기개세
참꽃 어사화로 당당히 개선한다

입대한 자형에 생질녀 둔 누이와
두릅과 제비추리 고사리 꺾고
콩오롱 공장 오포 정오 알리면
도라지 고추장 무침 점심 찍었다

늙은 칡넝쿨 습지 옆 개암나무
참나무 썩 배기 솔가리 지천인
골짜기와 능선 꿰찼으니
평지왕 테무친과 겨뤄 이르지 못할쏜가

차산에서 님 그리며

차산 씻은
18년 세숫물
허리 굽혀 두 손에
달게 마신다

충정은 누구이며
애휼은 또 무엇인가

백련암 고갯길 가
가을 찻잎 몇 개 따다
주지승 벗 삼아 밤 지새운
회한의 눈물이야

모난 돌 길들인
차산 낙수에 비하리

참 벗은 얼마일까

묵은 지 영양 높다는 말처럼
오랜 벗 팔면 얼마나 될까

물에 물 탄 듯 술에 술 탄 듯
아무런 조건 없는 그런 무덤덤하고

있으면서 없고 없으면서 있는
세월은 갔지만 때 묻지 않은

편지 쓸 번거로움마저 생각나
아름다웠던 시절 수다 받아줄

휴대폰 즐겨찾기에 이름 올려
휴일 새벽에 고민 나눌 줄 아는

늦가을 텃밭의 철 지난 상추며 풋고추
굵은 글씨 삐뚤삐뚤 적어 보내주는

이런 참한 벗 억만금 주더라도
새로운 한 갑자 살아 볼만하겠네

창바우 바닷가에서

수평선에서 천사들 날아들고
짜고 비릿한 향기 내 얼굴 비비면
파도는 질투심에 밤새 운다

물 언덕 길게 밀려와
힘없이 부서지고
배고픈 갈매기 뱃고동에 파묻힌다

갈매기 날고
활짝 편 날개에 물방울 산란하고
어지러운 모래톱 흔적들 지워가며

몽돌에 맨발 내맡기니
내가 주인인지 바다가 손님인지
창바우 바위섬엔 말이 없다

첫눈은 금오지金烏池 적시고

고즈넉이 언 저수지 끼고
빈 의자에 하얀 면사포 펼치면
나이트 클럽 열기에 흠뻑 취해
비 오듯 첫사랑 스친다

아스팔트 두 그림자
짧지만 기나긴 시간 돌이켜보니
마음에 품어온 그리운 조각들
냉정한 칼날 되어 꽂힌다

어둠 머금은 이별의 메아리
멀어져 가는 듯 다시 뜀박질
잠든 산 울부짖고
언 저수지 쩍쩍 소리내니
덤벼든 첫 키스의 씁쓸함이여
첫눈은 방울방울 눈물 되어 흐른다

함박눈 장막 하염없이
면사포 가르는 원앙의 날갯짓
두 눈물 폭포수 되어 금오지 적시네

첫눈 눈물 되어 흐른다

무수한 쌀 빻아
온 하늘 하얀 가루 흩뿌린다
소리 없는 눈물 되어 흐른다

솜털 뒤집어쓴 자동차
대지의 오물 질척이며 씻어준다
마른 대지 눈물 되어 흐른다

졸음에 겨운 가로등
수많은 하루살이 춤춘다
외로움 눈물 되어 흐른다

냉랭한 대설 건너 동지 앞에
먼 데로부터 찾아온 낯선 손님
애증의 눈물 되어 흐른다

흰 머리카락 늘고 눈썹마저
눈에 넣어도 시리지 않을 이 겨울
연년이 눈물 되어 넘쳐 흐른다

제5부

호박잎 인생

청백리 혼불

민 나뭇가지에
껍질마저 두터운 데
여리디여린 꽃잎의 유혹에
갑옷 뚫고 나온 매혹적인 꽃 선비여

청초한 꽃대에 노란 별 내려앉아
향기 없는 청순함으로
늘씬하게 뻗은 푸른 길 거침없이
거추장스러움 훌훌 벗어던진다

사시사철 푸른 잎 품어
깊어 가는 가을에도 변치 않을
진한 향기 간직하느라
나라꽃 이름값에 고혹적인 매력 품어

꼿꼿이 온 백성 하늘처럼 받들 왕대
흔들리는 대지야 얽히고설키어
굽신거릴 줄 모르는 청렴함으로
주야장천 청백리로 꺼지지 않을 혼불이여

추로지향*의 빛과 그늘

이 보시오 앞에 가는 선비
여기가 도산陶山이오
그렇소만 왜 그러시오
이자李子란 선생님 뵈었소
아니오 근래 이 나라 떠났다 들었소
아니 왜요 엄청 살기 좋아졌는데
이 보시오 배부른 돼지들 꿀꿀거리는 통에

돈 가진 사람들 많고 많지만
천원짜리 종이돈 낯부끄럽고
한문에 공맹마저 어물전 꼴뚜기 신세
그나마 새겨들을 제자라야 망팔망구望八望九잖소
동방의 등불 언제 적 말이던가
그림자도 밟지 않을 스승의 깊은 속내야
드러누운 저 왕버들 그늘만 하겠소

* 추로지향(鄒魯之鄕) : 공자와 맹자의 고향이란 뜻으로 예절을 알고 학문이 왕성한 곳을 일컫는 말

청풍호* 사랑

푸른 하늘 한 자락 떼어다가
골골이 채워 놓고
옛사람들 밀려간 잠긴 옛터에
배 띄워 노닐 때

충청도 여인네의 애틋한 손짓
뱃전에 부딪히는 물결만큼
금봉이 박달 만난 사랑가 높다

대나무 바위 밭에 쏟아진
푸른 달빛
옥순봉** 쑥쑥 자라고

두메산골 주름진 어미 부르는 소리
오가는 길손 멈추게 하니
산허리 허리 부딪힌 눈물방울
수수밭 감자밭 적신다

* 청풍호(淸風湖): 같은 호수가 이름이 둘이다. 충주호와 청풍호가 그렇다. 충주 사람들은 충주호라 하고 제천 사람들은 청풍호라 부른다. 호수가 굉장히 크다. 충주댐이 만들어낸 장관이다. 부근에 월악산국립공원이 있다. 수많은 봉우리 중에서 구담봉 해발 330m, 옥순봉 해발 283m이다. 높이는 대단하지 않지만, 정상에 섰을 때 펼쳐지는 풍경에는 입을 다물 수 없다.

** 옥순봉(玉筍峯): 명승 제48호로 해발 283m이다. 단양팔경 중 유일하게 단양에 소재하지 않고 제천시 수산면에 위치한다. 조선시대부터 옥순봉은 청풍에 속했는데, 행정구역 개편으로 청풍이 제천에 속하게 되어 원래부터 단양에 있었던 적이 없다. 그럼에도 옥순봉은 분명히 단양팔경의 하나다. 청풍호와 어우러져 아름다운 풍광을 연출한다.

춘삼월엔 사랑으로

돌아올 제비 보이지 않는
쓸쓸한 시골집 마당에
노부부 먼 산 본다

메마른 감나무 가지 끝
까치 부부 요란스레 떠드니
서울 사는 아들네 오려나

겨우내 언 옹달샘 가
졸 졸 졸 산골짝 적시고
길고 먼 물길 따라 흐른다

뒹구는 낙엽과 말라죽은 것들
붕어 참가재 버들강아지 만나리
한 모금 적실 물 닿으려나

꽁꽁 동여맨 나를 벗어
가슴 활짝 열어젖히자
너와 나 우리 벌판으로 나가세

배고픈 자여 일어나
슬프고 외롭고 실패한 사람들 다시 뛰어
춘삼월 손잡고 사랑으로 맞으세

폭설

이 겨울 다 가도록 참았던 메마른 하늘
한꺼번에 쏟아 내어 요란하게 분탕질이다
낙엽마저 모두 떨군 앙상한 가지에도
누렇게 변한 몇 올 안 남은 연록의 잔디며
쌍라이트에 엉금엉금 기는 자동차
우산마저 떨군 얼큰한 퇴근길
아침에 나온 곳으로 바쁜 일상 저문다

푸른 용의 저주

슬프고 슬프다
무슨 한 끊지 못해
악의 불기둥 광야에 지폈던가

왜 왜 세상 멀건 대낮에
까막 세상 만들어 지옥에 닿았구나

푸른 용의 해 마지막 주일
승천한 착하고 예쁜 사람들
비극 또 다른 시작
생사의 변곡점 되었소
고혼이시여 무안의 벽 쳐부수소서

보라 성자 된 하얀 천사들
눈꽃 바구니 높이 들어 춤추세
앙칼진 건배주 끝없이 들이키자
말문 막힌 고행길 이제 끝내자

풋사랑 그리운 칠석

까마귀 까치 머리 벗겨지도록
받들어 줄 그런 사랑 한번 해봤으면
수십억 경쟁 물리친 장부로서
카펫 밟으며 천하에 한 약속이언만
하늘 한번 열리는 밤비 머금으며
그런 뜨거운 사랑 한번 해봤으면
기왕 간직한 풋사랑이더라도
그대여 오작교 눈물엽서 받았나요

하늘다리

하늘나라에
산 사람들 끊임없이 찾는다
죽으면 올라가는 곳
먼저 줄 서서 기다린다

영혼으로 날면
못 갈 데 없이 한순간이지만
하루 몽땅 바쳐서
산목숨 따라 함께 했다

내려다본 인간 세상
오간 데 없고
새까만 개미들인지
뱀처럼 길게 이어진다

하늘나라 가지 마소
염라대왕 저승사자
개미로 볼지 뱀으로 볼지
눈높이 맞는 사람으로 살자

한겨울 시화전

청둥오리 머리 처박고 연잎 숨죽인 저수지
철새인지 연잎인지 첫눈 오는 날
올레길 덱에서 눈 부릅뜨고 지샌다

오가는 사람들 눈 맞춤
껴입은 여자들 시화보다 얼굴만 쳐다본다
내 눈길 어디 둘지 늘그막에 무슨 팔자냐

옆의 예쁜 시인엔
멋있는 남자들 슬쩍슬쩍 마주치어
시화 보는 둥 마는 둥
눈동자 좌우로 흔들려 걷는 게 엉거주춤

사지 꽁꽁 묶여 바람과 마주하고
철새들 잘 자라며 밤낮없이 지켜보니
온화한 얼굴빛만 도드라지는데
시린 시화 온몸으로 떨고 있다

하늘이 내린 땅에 사람이 산다

하늘이 내린
사람 사는 순천
땅의 기운이 바다에 닿았다

바람은 갈대와 친구되니
태풍도 비켜가는 순천만
철새들 날아들어 쌍쌍이 둥지 틀고
민물과 바닷물 드나드니 먹거리 넘친다

넘나든 물길이
갯벌 동그라미 둥글게 둥글게 쌓이고
그 위에 날아온 씨앗들
쉼 없이 푸른 싹 틔운다
먼저 날아든
청둥오리 터줏대감 되어
머리 처박고 깃털 부풀어 돌덩어리 같다

세계에서 가장 넓은
하늘이 만든 정원
순천댁 친정이다
하늘과 바닷물과 철새와 갈대
굽은 소나무와 친정 찾은 새댁들

함께 조화부린 순천만 정원
부지런히 살아가는 사람들

젊고 환한 미소
친절하고 상냥한 사람들이 산다
모두 순천으로 간다
나도 간다

한밤중 바람맞은 첫눈

모두 잠든 시각
사뿐히
일 년 만에 찾았건만
기다려줄 사랑 없다

민 나뭇가지
마른 잔디까지 은빛 눈물 맺히네

모두 멈춘 시각
퍼 얼 펄
지난해와 다름없이
기다려줄 사랑 없다

빈 아스팔트
버스 승강장엔 한숨만 소복하네

모두 떠난 시각
쓸쓸히
찾을 때와 다름없이
기다려줄 사랑 없다

온 그길로
옅은 발자국 여운마저 데려가네

해바라기

해님 따라 돌다가
모두 잠든 밤엔
달님 따라 졸고 있다

무서운 구름 밀려오고
비 오는 날엔
얼굴 들기 부끄러워
고개 숙여 세수한다

예쁜 얼굴 보이고 싶은데
찰나의 예술 카메라
태양이 떴다

여기 번쩍 저기 번쩍
불빛 따라
돌고 돈다
노란 쌍둥이들 환하다

현대판 청백리

강산 여러 번 바뀌고
올곧은 대나무처럼 마디 생겼다
뇌물수수 성폭력 음주 운전 비껴라
현대판 청백리 날아오르리

베어내면 자라는 대나무처럼
그런 삶 올리 없겠지만 부잣집에
큰 공부 최고 자리에
힘센 동아줄 따라 꼭대기까지 올랐다
이를 사군자 대나무라면
하늘만 쳐다보는 청맹과니 탐관貪官 이라지

위아래 사람들 잘 만나
줄 설 땐 걸림돌 비껴가며
행복한 운 따르고 선심 팍팍 평판 덩다랗다
대나무같이 올곧다면
속 빈 깡통 같은 오리汚吏 사기꾼이지

지게 자리 잘못 놓아
운 못 따르고 미역국밥 먹듯
눈에 난 무능력자로 소문났지만
궂은일 눈 벗어난 곳 찾아다닌다
대나무같이 올곧다 하니
절구처럼 늘 두들겨 맞는 청백리淸白吏란다

호박범벅

호박꽃 함박 피었다
붉은 양대 벌 되어 날아들고
찹쌀가루 흰 눈처럼 내리네
먼 고향 언덕 묻어난다

동이 속 누런 우주엔
흰 별 무수히 떠 있고
밝게 빛나는 해와 달 사이로
비행접시 맛있게 난다

땅심 좋은 동아줄에
시월의 희디흰 박꽃과
황금빛 보름달 뒹굴고
어머니의 주름진 손등 보인다

땀 밴 삼베 적삼에 지게 진
아버지의 절은 궐련 내음
흙과 주린 동심 비치고
범벅엔 눈물 같은 향 흐른다

해후 그리고

가슴 시리게 사랑한 사람을
칠석 기다리듯 애태운 날들
지난한 길처럼 흐른다

환갑 진갑마저 지난 즈음
함께한 여행길 몸 얼큰해지고
이성만 맴돌던 속내 어디 두었나

아는 척 모르는 척 뒤척인 심성
오매불망 용솟음치는 뜨거운
무언가 소주에 타 넘겼다

그대 무언의 숙연함 품고서
살갑게 흐른 시간 무색하게도
봄 정령처럼 화사하게 다가왔다

생경함과 환희에 벅찼던 해후
기다리고 기다렸던 애틋함이여
한치 심장에 애련의 탑 쌓았건만
기나긴 낮 동안 그렇게 흘렀다

몸 멀어지면 맘도 멀어진다는
역설적인 심증 뉘 알리오
점점 그 탑 착잡히 이끼만 끼고
원숙한 미완의 잔영만 또렷하다

다시 되돌려질 태엽 같은 시간들
얼마나 흘러야만 되돌아올 순수
언제까지 태울 심연의 애간장 멈춰질지
애처롭기 한 없어라

호박잎 인생

엉덩이 펑퍼짐하고
달덩이처럼 예쁜 딸애야
부잣집 맏며느리 되어
아이들 쑥쑥 낳아 잘 길러라

황후처럼 여걸들 제압하며
장비 같은 털북숭이 달려들어도
화병에 꽂힐 걱정 없으니
자연미인 꿋꿋한 가족력
지키며 살자

바닥만 기는 삶에
호박꽃도 꽃이냐
호박 같은 얼굴 소리 흘려들으며
한 입 보쌈 되어 떠날지언정
분신들 치부 감싸만 주는
아버지 인생 호박잎이다

■ 시집 해설

삶의 희망 속에 꽃 피운 서정시

김 전 (시인, 시조시인, 문학평론가)
kumijb@hanmail.net

1. 들어가는 말

이성칠 시인의 시집 『번데기 시인의 환생』을 받아 들고는 60년대로 돌아가 본다. 보릿고개 넘어가던 고달픈 여로에서도 감꽃 목걸이 걸어주던 순수한 사랑이 있었다. 찔레 순 꺾어 먹고 송구 껍질 벗겨 피리 불던 그때가 그리움으로 다가온다.

시집은 1부, 2부, 3부, 4부, 5부로 나누고 있으며 각부마다. 16편의 시를 싣고 있다. 총 80수의 주옥같은 시로 독자에게 다가간다. 산문 시까지 곁들어 다양성을 살려내고 있다.

이 시집의 전반에 흐르는 정서는 한마디로 그리움의 결정체다. 작가와 독자가 함께 그 옛날 어린 시절의 추억 속에 빠져 보는 계기가 될 것이다.

메마른 현실에서 시집 『번데기 시인의 환생』은 혜성처

럼 등장해 상처 난 독자에게 정감 어린 손으로 어루만져 준다. 그동안 잠자고 있던 그리움을 깨워주고 있다.

작가는 그 어렵던 시절을 묵묵히 견뎌냈다. 끈질긴 노력으로 지도급의 고급 공무원이 되어 나라에 충성했고, 말년엔 작가로서 독자들의 억눌린 마음에 희망으로 다가가고 있다. 작가의 인간 승리에 박수를 보낸다.

작가는 고통스러운 경험과 상상력을 시의 재료로 삼아 빛나는 보석으로 만들어 놓았다.

시 한 편 한 편에 작가의 세밀한 관찰과 깊이 있는 성찰이 깔려 있다.

자신뿐만 아니라 주변 사람들의 아픔, 사회적 문제에서 비롯되는 고통 등 타인의 경험에도 귀 기울이고 공감하려는 노력이 돋보인다. 시의 외연을 넓히고 보편성을 확보하는 데 성공한 작품집이다.

은유와 직유, 상징의 활용, 고통스러운 감정이나 추상적인 개념을 구체적인 이미지로 변환하기 위해 다양한 비유법을 활용했다. 예를 들어, '고통'을 '칼날'이나 '심연'으로 표현하여 독자에게 감각적으로 전달하는 방식을 택했다.

익숙한 것을 낯설게 보고, 당연하게 여기던 것에서 새로운 의미를 발견하는 자세가 바람직하다.

내면의 소리에 귀 기울이려는 작가의 태도는 자신의 진솔한 내면의 소리를 담아내려 끊임없이 노력하고 있다.

좋은 작품은 어렵고 힘든 환경에서 이루어진다. 이런 작품이야말로 독자들의 마음을 사로잡을 수 있을 것이다.

이성칠 작가는 과거의 어려웠던 시절의 눈물과 한숨을 개성 있는 묘사로 시를 직조함으로 독자의 공감을 널리 사고 있다.

2. 사유의 숲을 찾아서

시는 체험과 상상의 확장으로 이루어진다. 체험이 바탕이 되면 작품이 현실감을 갖게 된다. 여기에 상상력이 뒷받침된다면 한층 더 깊이 있는 작품을 창작할 수 있다. 즉 체험과 상상이 조화를 이룰 때 독창적이고 감동적인 시적 세계가 완성된다.

결국, 시는 현실을 반영하면서도 그 너머의 세계를 바라보는 과정이다.

시인은 일상의 작은 순간도 또 다른 눈높이와 각도로 세상을 바라보며 의미를 발견하고 내공을 쌓아가는 사람이다. 시인의 눈으로 창작한 시는 인간의 감정을 깊이 있게 표현하는 예술로 자리 잡게 된다.

이성칠 시인의 삶은 쇠비름 같은 집념의 집합체라고 말할 수 있겠다.

시인의 삶은 곧 사유 깊은 시의 밑거름이 된다.

시집 전반에 흐르고 있는 정서는 추억과 회상, 조국애 등을 통하여 삶에 대한 성찰과 강인한 인내력으로 표출되고 있다.

시인의 작품 속에는 시인의 삶이 녹아있다. 그의 사유 깊은 작품을 감상해 보자.

울타리 넘어 고즈넉이 핀
다닥다닥 황금빛 유혹
보릿고개 넘본다
사각의 상투 훌훌이 벗고
흙투성이 뒹구니
아이야 너의 먹거리다
시커멓게 쉬 졸음 오니
바삐 흰 실에 차곡히 꿰어라
소꿉장난 색시 황금 목걸이 하나씩 뽑아 오물거린다
밀 보리 도리깨질에
탐스런 살구 후드득 떨어지니 보릿고개 아스라이 저물고
까맣게 태운 벌거숭이들
머리칼엔 이슬마저 영롱하고 씁쓰름 맛 다시며 비질한다
「감꽃 주워 먹던 시절」 전문

이 시는 유년 시절의 따뜻한 추억과 보릿고개라는 시대적 아픔을 감각적으로 담아낸 작품이다. 감꽃과 황금빛 유혹, 흙투성이 아이들의 모습은 과거의 기억을 생생하게 그려낸다.

힘겨웠던 시절에 피어났던 순수한 삶의 순간을 조명하고 있어 공감으로 다가간다.

"보릿고개 넘본다"라는 표현은 당시의 궁핍한 현실을 암시하면서도, 아이들이 감꽃을 주워 먹으며 즐거움을 찾는 모습을 통해 삶의 강인함을 보여준다.

"소꿉장난 색시 황금 목걸이 하나씩 뽑아 오물거린다"는 구절은 어린 시절의 놀이를 따뜻하고 정감 있게 그려냈다. 감꽃을 실에 꿰어 목걸이를 만들어 걸고 놀다가 배고프면 간식으로 따 먹었던 그때가 생각난다.

이제 보릿고개는 보리타작과 함께 끝났다.

"밀, 보리 도리깨질에 탐스런 살구 후드득 떨어지니 보릿고개 아스라이 저물고"라는 문장에서 보릿고개가 끝나가는 시점의 변화를 담아낸다. 이는 한 시대의 고난이 지나가며, 새로운 희망이 싹트는 순간을 상징하고 있다. 또한 마지막 "씁쓰름 맛 다시며 비질한다"라는 구절은 어린 시절의 씁쓸한 기억과 성인이 되어 현실을 마주한 순간을 연결하며, 시간의 흐름 속에서 변해가는 삶의 모습을 그려내고 있다.

작가는 유년의 순수와 시대적 아픔을 조화롭게 녹여내고 있다.

한 폭의 그림처럼 펼쳐지는 과거의 풍경이 독자에게도 깊은 향수를 불러일으킬 것이다.

감각적인 묘사로 성공적인 작품이다.

우주와 땅 기운으로
초록빛 날개 기지개 켜며 조선을 품었다
진 가뭄에 거친 숨 몰아쉬며
꽃 잠든 첫새벽 이슬 머금고
힘찬 날갯짓
배불뚝이 하얀 말뚝 되었다
아 조선 사람 함께한 반만년
영원토록 이어갈 두둑한 배짱
푸른 날개 단두대 서고
굴비처럼 엮이어 그늘막 매달렸다
황금 치마 색시며
빨간 고추 총각
상투 튼 마늘 영감님인들
함께 버무려질 조선 사람 아니더냐
외침에 갈가리 난도질 되어
당파싸움에 처절한 젓갈 품고
장렬히 김장독 뛰어들었다
숨죽인 시래기
곰삭힌 무의 순국
주린 배 애환일랑
조선 여인들 챙겨줄 삼시 세끼 꺼지지 않을 민족혼 되리
「꺼지지 않을 민족혼」 전문

격동기를 지나면서 고난을 시래기처럼 삭이며 견뎌온 우리 민족이 아니던가?

역사적 배경 속에서 민족의 강인한 생명력과 불굴의 정신, 이를 이어가는 여성들의 헌신을 역동석으로 그려

냈다. 작가의 관찰력은 이를 무에 비유했다. 그 무의 삶은 곧 민족의 삶이다. 개성적인 비유가 작품을 돋보이게 한다.

작가의 개성적인 비유와 세밀한 관찰력으로 무의 일생과 민족의 삶을 비유함으로 빛나는 한 편의 시를 창작했다.

시작 부분에서 '초록빛 날개 기지개 켜며 조선을 품었다'는 역동적인 이미지로 민족의 기상을 표현한다. 민족의 기운이 마치 곤충이나 식물의 성장처럼 자연의 순리 속에서 솟아나는 생명력으로 나타낸 것이다.

'진 가뭄에 거친 숨 몰아쉬며'와 같은 고난 속에서도 '꽃잠든 첫새벽 이슬 머금고 힘찬 날갯짓'을 하며 '배불뚝이 하얀 말뚝 되었다'는 묘사는, 고난 속에서도 끈질기게 버티고 다시 일어서는 민족의 강인함과 부활의 의지를 상징적으로 보여주고 있다.

시인은 민족의 수난사를 다양한 비유로 표현하고 있다.

삶의 경륜 속에서 섬세한 감성의 발현이 은근히 배어 나오는 작품으로 어려운 현실을 승화시킨 점이 돋보인다.

'푸른 날개 단두대 서고 / 굴비처럼 엮이어 그늘막 매달렸다'는 일제 강점기 등 외세의 침략과 억압 속에서 고통받았던 민족의 비극적인 현실을 암시한다. 그런데도 '황금 치마 색시며 빨간 고추 총각 상투 튼 마늘 영감님인들 / 함께 버무려질 조선 사람 아니더냐'는 구절은 다양한 모습의 사람들을 나타내며, 그들은 당파싸움 속에서도 결국은 함께 버무려지는 하나의 민족임을 나타내고 있다.

이 시의 가장 핵심적인 비유는 '김장독'이다. '외침에 갈가리 난도질 되어 / 당파싸움에 처절한 젓갈 품고 / 장렬히 김장독 뛰어들었다'는 표현은 민족이 겪은 비극적인 역사적 사건들을 김장 재료로 비유하며, 그 모든 아픔과 혼란이 김장독 속에서 삭혀지는 과정으로 그려내고 있다.

마지막 부분에서 '숨죽인 시래기 곰삭힌 무의 순국'으로 마침내 '주린 배 애환일랑 / 조선 여인들 챙겨줄 삼시 세끼 꺼지지 않을 민족혼 되리'로 귀결된다.

여기에 작가가 의도하는 주제가 들어있다. 즉 고통 속에서도 묵묵히 가족의 끼니를 책임지고 민족의 명맥을 이어온 여인들의 삶이 곧 '꺼지지 않을 민족혼'의 본질임을 밝히고 있다.

김치라는 일상적인 음식을 통해 민족의 역사와 여성의 희생, 그리고 대대손손 이어지는 정신을 연결하는 탁월한 비유다.

특히 비유를 통하여 상상력을 무한히 뻗어가고 있는 점이 훌륭하다.

그토록 뵙고 싶었던
영천 북안면 도계서원 앞에
가사 문학의 대가 박인로 선생께서
늦은 시각까지 기다리고 있었다
반중 조홍 감이 등불 들고 어머니처럼 기다린다
뜰엔 황색 감이 비바람 거느리고
먼저 눈에 들어온 가사 보니
몇 년 전 떠나가신 어머니가 보인다
갓골 너머 감나무밭엔
아이 주먹 먹감이 탱글할 즈음
친구 따라 훔쳐 줍던 시절
파노라마처럼 펼쳐진다
의병에서 무과급제하고
이십 년 충정에 만호로 은퇴해서
송강 고산과 함께 가사 문학의 3대 시성에 올랐는데
사십 년 연금 수급자 따르기 아득
「노계 문학관에서」 전문

이 시는 영천 북안면 도계서원에 있는 박인로 선생의 문학관을 찾은 소회를 적었는데, 작가의 남다른 안목은 시대를 뛰어넘어 노계와 직접 만나게 된다.

박인로의 대표 시 '반중 조홍감'을 떠올리며 자신의 유년 시절과 어머니를 향한 그리움에 젖어 든다. 나아가 현재 자신의 삶을 투영하며 과거와 현재를 연결하는 수준 높은 작품으로 선보이고 있다. 서정시의 진수를 보여주는 작품이다.

'노계 문학관'이라는 실제 공간을 배경으로, 역사적 인물인 박인로 선생을 만나는 환상적인 설정은 독자의 공감을 사고 있다.

"그토록 뵙고 싶었던"이라는 표현에서 화자의 경외심이 드러나며, "늦은 시각까지 기다리고 있었다"는 의인화된 묘사는 선생과의 만남이 운명적이고 깊은 의미를 지녔음을 암시하고 있다. 단순히 과거의 인물을 대면하는 것을 넘어, 화자 자신의 과거 기억을 소환하는 매개체 역할을 하고 있다.

박인로 선생과의 만남은 곧바로 어머니에 대한 기억으로 이어진다. "반중 조홍 감이 등불 들고 어머니처럼 기다린다"는 구절은 어머니의 따뜻한 사랑과 기다림을 시각적이고 정감 있는 이미지로 형상화하고 있다.

'조홍 감'은 어머니의 사랑을 상징하는 중요한 매개체다.

"갓골 너머 감나무밭엔 / 아이 주먹 먹감이 탱글할 즈음 / 친구 따라 훔쳐 줍던 시절"은 감각적인 묘사를 통해 유년 시절의 순수하고 행복했던 기억을 파노라마처럼 펼쳐 보여준다.

시의 후반부에서 화자는 박인로 선생의 삶을 간략하게 요약하며, 자기 삶과 비교하고 있다.

"의병에서 무과급제하고 / 이십 년 충정에 만호로 은퇴해서 / 송강 고산과 함께 가사 문학의 3대 시성에 올랐는

데"라는 구절은 박인로 선생의 충정과 문학적 업적을 높이 평가하는 부분이다.

"사십 년 연금 수급자 따르기 아득"이라는 솔직한 고백은 박인로 선생의 위대한 삶과 비교하여 자신의 평범하고 소박한 삶을 자조적으로 표현하고 있다.

이는 시인의 솔직하고 인간적인 면모를 보여주는 부분이다.

'노계문학관에서'는 박인로 선생과의 가상적인 만남을 통해 과거의 위인과 현재의 평범한 삶을 대비시키고, 그 과정에서 어머니에 대한 깊은 그리움과 유년 시절의 향수를 섬세하게 그려낸 시다.

> 오일장이 서면
> 으레 주막걸 불미간 굴뚝이
> 하루 종일 거친 숨 내뿜는다
> 십리 길 장꾼들 들고 온 연장
> 호미, 괭이, 낫, 칼, 작두가 뉘인다
> 두드리고 잘리고
> 쇠 덧살에 찰흙 묻혀진 뒤엔
> 녹아내리는 열락의 불지옥에서 나와
> 뚱 땅 뚱 땅 뚱 땅
> 땅땅 땅땅땅 땅땅땅
> 뫼로 두드려지고 망치로 옴팡지게 두들겨 맞는다
> 숫돌에 갈려지고
> 슥삭 슥삭 슥삭
> 첩첩 슥삭 슥삭

담금질 이어지면 무딘 쇠 정신이 들고
후미진 뒷산 자갈밭에 신접살림 꿈꾼다
해거름 무렵 새로운 주인 만나
금방 코뚜레 송아지 앞뒤로 어르면서
얼큰한 막걸리에 기분 좋은 장꾼들
연장 챙기고 눈인사로 치부하면
돌아가는 길가엔 뒷산 노루봉 그림자 내려오고
굴뚝엔 밤이슬 내린다

「대장간」

대장간! 아마 젊은 사람들은 모를 것이다. 그 옛날 농기구를 직접 손으로 만들던 곳으로 동네마다 혹은 한 동네 건너서 대장간이 있었다. 그곳을 지나가면 시뻘건 불빛 쇠망치 소리가 요란했었다. 그때 일이 아련히 떠 오른다.

이 시는 제목부터가 정겹다.

사라져가는 대장간의 풍경과 그 속에서 땀 흘려 일하는 장인의 삶, 쇠붙이에 깃든 생명력을 생생하게 그려내고 있다.

시각적, 청각적 이미지를 풍부하게 사용하여 대장간의 뜨겁고 활기찬 분위기 속으로 독자를 이끌고 있다.

대장간의 풍경을 오감으로 느낄 수 있도록 묘사가 생동감 있게 전개된다.

"거친 숨 내뿜는 굴뚝"과 "녹아내리는 열락의 불지옥"은 시각과 촉각을 자극하며 대장간의 뜨거운 열기를 전달하고 있다. 특히 "뚱 땅 뚱 땅 뚱 땅", "땅땅 땅땅땅 땅

땅땅"과 같은 의성어와 "슥 삭 슥 삭 슥 삭", "첩첩 슥 삭 슥 삭"과 같은 의태어는 쇠를 두드리고 가는 소리를 생생하게 재현하여 독자의 청각을 사로잡는다. 이러한 감각적인 묘사는 독자가 마치 오일장 대장간 앞에서 시뻘겋게 달궈진 무쇠를 보는 것 같다.

작가에게는 호미, 괭이, 낫, 칼, 작두 등은 단순히 도구가 아니다. 두드려지고 잘리며 고통을 겪는 존재로 의인화하고 있다. 이 부분이 이 시를 살려내고 있다.

"녹아내리는 열락의 불지옥에서 나와", "뫼로 두드려지고 망치로 옴팡지게 두들겨 맞는다"는 표현은 쇠붙이가 겪는 고통스러운 단련의 과정을 인간의 삶에 비유한다.

"무딘 쇠 정신이 들고 / 후미진 뒷산 자갈밭에 신접살림 꿈꾼다"는 구절은 혹독한 과정을 거쳐 비로소 제 기능을 찾아 새로운 삶을 꿈꾸는 쇠붙이의 모습을 묘사하고 있다.

시의 전체적 구성은 오일장의 시작부터 "해거름 무렵 새로운 주인 만나"는 과정, 그리고 밤이슬이 내리는 하루의 마무리까지 대장간의 일과를 시간의 흐름에 따라 보여주고 있다.

"주막걸 불미간", "십리길 장꾼들", "얼큰한 막걸리에 기분 좋은 장꾼들" 등의 묘사는 사라져가는 전통 오일장과 그 속에서 형성되는 공동체의 정감 어린 모습을 보여준다.

이처럼 대장간이라는 공간을 통해 장인의 땀과 열정, 쇠붙이에 깃든 삶의 고단함과 희망, 그리고 사라져가는 공동체의 정겨운 풍경을 아름답게 담아냈다.

> 겨우내 꽁꽁 싸매어
> 대롱대롱
> 소리 없는 풍경 되어 매달렸다
> 한 점 동굴 속
> 면벽 수도승처럼
> 캡슐 속
> 불구덩이 넘나든 우주인 되어 묵언수행하고
> 단식 끝에 환생하니
> 생불이 따로 없다
> 잡고 잡아먹히는 것보다 더 엄혹한 시절
> 사마귀 수레에 덤비듯 하며 다음 생 눈 뜨고 보니
> 온 세상 아득히
> 갈 길마저 수상하다
>
> 「번데기의 환생」 전문

번데기의 변태 과정을 인간의 고난과 성숙의 과정으로 나타내고 있다.

마지막 부분 '갈 길 마저 수상하다.'로 삶의 불확실성에 대한 깊은 통찰로 마무리하고 있다. 존재의 의미를 생각하게 하는 철학적인 사유가 깔려 있다.

번데기의 겨울잠과 변태 과정을 다양한 은유와 상징으

로 표현하며 존재의 본질을 탐구하고 있다.

"소리 없는 풍경 되어 매달렸다"는 고독하고 정지된 시간을, "면벽 수도승처럼 캡슐 속 불 구덩이 넘나든 우주인 되어 묵언수행하고"는 고통스러운 인내와 자기 성찰의 시간을 압축적으로 보여준다.

작가는 번데기를 단순히 곤충으로만 생각하지 않았다. 번데기를 통해 인간 삶의 고독한 여정으로 확대해 나갔다.

"단식 끝에 환생하니/생불이 따로 없다"는 깨달음과 해탈의 경지를 나타내며, 번데기의 변태가 곧 영적인 성장임을 시사한다.

시의 중반부는 '환생' 이후 번데기가 마주하는 현실에 대한 깊은 사유를 담고 있다.

"잡고 잡아먹히는 것보다 더 엄혹한 시절"이라는 표현은 생존 경쟁의 냉혹함과 세상의 고통을 직시하고 있다. 이를 인간 삶에서 겪는 수많은 고난과 위기를 은유로 나타내어 시의 외연을 확장한다.

"사마귀 수레에 덤비듯 하며 다음 생 눈 뜨고 보니 / 온 세상 아득히 / 갈 길마저 수상하다"는 구절은 어렵게 얻은 새로운 삶일지라도, 그 길은 여전히 불안정하고 예측 불가능함을 나타낸다. 삶이란 본질적으로 불확실한 것이라는 인생철학이 담겨있다.

이 시는 고요하고 정지된 "꽁꽁 싸매어 대롱대롱" 매달린 모습과 뜨거운 "불 구덩이"를 넘나드는 역동적인 이미지를 대비시켜 번데기 내부의 격렬한 변화를 보여준다.

또한 '환생'이라는 긍정적이고 희망적인 단어 뒤에 "엄혹한 시절", "아득히", "수상하다"와 같은 부정적이거나 불확실성을 나타내는 어휘를 사용하여 시인이 삶을 바라보는 복합적인 시각을 드러낸다. 이러한 대비는 시의 주제를 더욱 풍부하게 만들고 독자에게 깊은 여운을 남긴다.

'번데기의 환생'은 번데기라는 작은 생명체의 변태 과정을 통해 인간의 존재론적 고뇌를 드러낸다. 고통과 인내를 통한 성숙한 삶이 지닌 근본적인 불확실성에 대한 깊이 있는 사유를 담아낸 시로 철학적이다.

> 미끈거림도 이순耳順 지나
> 세대를 건너온 쇠비름
> 호미 끝에 달라붙어 마디마디 뿌리
> 내리던 조선의 눈물이여
> 밭두렁에 엎드려 비 한 방울에
> 고개 쳐드는 동학군이었던가
> 이제는 밥상에 버젓이 올라앉아
> 보리밥 한 숟갈에 고추장 척척 얹어
> 배고픔 달래주는 사랑이다
> 언제나 밭고랑 덮어가며
> 속 태우는 점령군이여
> 아련한 눈물자국으로 다가오는

그대의 사랑이
미끄러지며 입맛을 돋군다
「쇠비름」전문

  쇠비름을 소재로 하여 강한 생명력과 우리 민족의 역사적 아픔을 상징하고 있다.
  식물의 일생을 통해 민족의 애환과 삶의 지혜를 노래하고 있다.
  시인은 쇠비름을 우리 민족의 역사와 함께해 온 존재로 의인화하고 있다.
  "미끈거림도 이순耳順 지나 / 세대를 건너온 쇠비름"이라는 표현에서 쇠비름이 오랜 시간 민족의 삶과 함께해 왔음을 알 수 있다. 특히 "호미 끝에 달라붙어 마디마디 뿌리 / 내리던 조선의 눈물이여"라는 구절은 쇠비름의 강인한 생명력이 조선 민중의 고난과 아픔, 그 속에서도 끈질기게 삶을 이어온 민족의 눈물을 암시하고 있다.
  "밭두렁에 엎드려 비 한 방울에 / 고개 쳐드는 동학군이었던가"는 쇠비름의 끈질긴 생명력을 동학농민운동의 저항 정신에 비유하고 있다. 동학군처럼 억압 속에서도 굴하지 않고 일어서려는 강한 의지를 비유하고 있다.
  여기서 쇠비름은 살아남는 것을 넘어, 시대의 아픔에 맞서 싸우는 희망의 상징이 되고 있다.
  고통과 저항의 상징이었던 쇠비름은 이제 "밥상에 버

젓이 올라앉아 / 보리밥 한 숟갈에 고추장 척척 얹어 / 배고픔 달래주는 사랑이다"로 변화한다.

이는 힘겨웠던 과거를 이겨내고 일상에서 소박한 행복과 위안을 주는 존재로 승화되었음을 의미한다.

쇠비름은 어려운 시절 민중의 끼니를 해결해 주던 고마운 식물이자 삶의 지혜가 담긴 존재였음을 일깨워 준다.

이 시는 쇠비름에 대한 작가의 복합적인 감정을 드러내고 있다.

"언제나 밭고랑 덮어가며 / 속태우는 점령군이여"라는 표현은 쇠비름이 농작물에 피해를 주는 '잡초'로서의 부정적인 측면을 말하고 있다. 부정적인 측면이 오히려 쇠비름을 압도적인 생명력으로 유도한다. 작가는 쇠비름을 고난 중에서 더욱 꿋꿋하게 살아남은 우리 민족과 동일선상에 올린다.

"아련한 눈물자국으로 다가오는 / 그대의 사랑이 / 미끄러지며 입맛을 돋운다"는 마지막 구절은 쇠비름에 대한 애증이 뒤섞인 감정, 즉 고통과 함께해 온 존재에 대한 깊은 이해와 사랑을 나타낸다.

'쇠비름'이라는 한 식물의 생명력을 통해 민족의 역사적 고난과 저항을 잘 드러낸 개성적인 시다. 마지막 부분에서 고난을 극복하고 삶의 지혜로 승화시킨 점도 높이 살만하다.

사각의 하얀 공간 니코틴 뒤집어쓴 한 마리 굴뚝새
차디찬 기운 카디건 뚫고
짜르르 훑어 내리는 쓴 소주에
쥐포 한 마리 쩝쩝거리는 친구 같은 노숙자
옛사람 곱씹으며 그곳으로 거슬러 오르는 연어다
얼굴값 하면 독립투사처럼 무서운 사람이요
과거에서 온 사람 아니기에 따뜻한 아랫목 그립다
현재는 저항하지 않으니 시가 아니다
시인은 얼굴 없는 애국자며 현재를 사는 미래의 전도사다
어제도 오늘도 내일도 아프다
아프니까 청춘인 시인은 없다
그냥 본능에 지친 인간일 뿐
내일은 더 멋진 더욱 빛나는 더더욱 만족스럽고 싶다
아 그러나 언제나 내일은 오지 않으니 배고프다
내일도 살고자 지금 배부르니 인간이요
오늘 죽어 영원히 사니까 시인이다
당장 죽지 못하니 해는 다시 솟고
영원처럼 오지 않는 내일을 기다릴 뿐이다
그래서 시인은 내일에 산다

「시인은 내일에 산다」 전문

시인이라는 존재의 본질과 삶의 역설에 대해 깊이 있는 성찰을 담고 있는 시다.

작가가 바라본 시인의 모습은 현재에 안주하지 않고 끊임없이 내일을 갈망하며 살아가는 존재다.

시인의 모습을 과거, 현재, 미래의 시간적 흐름을 넘나

드는 다각도의 모습으로 나타낸다.

"옛사람 곱씹으며 그곳으로 거슬러 오르는 연어"와 같이 과거를 회상하는 모습과 "현재는 저항하지 않으니 시가 아니다"라며 현재에 대한 단호한 부정, 그리고 "내일은 더 멋진 더욱 빛나는 더더욱 만족스럽고 싶다"는 미래에 대한 강렬한 열망이 대비를 이룬다.

"오늘 죽어 영원히 사니까 시인이다"라는 구절은 시인의 삶이 단순한 생존을 넘어선 의미를 지니고 있음을 강조한다.

"니코틴 뒤집어쓴 한 마리 굴뚝새", "짜르르 훑어 내리는 쓴 소주", "쥐포 한 마리 쩝쩝거리는 친구 같은 노숙자"는 지극히 현실적이고 고통스러운 삶의 단면을 보여주고 있다.

이러한 비유는 시인이 이상적인 존재가 아니라, 고독하고 고통스러운 현실 속에서 살아가는 인간임을 암시한다.

"얼굴값 하면 독립투사처럼 무서운 사람이요"와 같이 시인의 강인한 내면과 저항 정신을 드러내는 표현으로 시인의 복합적인 면모를 부각한다.

"아프니까 청춘인 시인은 없다 / 그냥 본능에 지친 인간일 뿐"은 시인의 일반적인 고통보다 본능에 지친 인간의 자연스러운 감정을 드러낸다.

"아 그러나 언제나 내일은 오지 않으니 배고프다"와 같이 내일이 오지 않는 결핍감을 '배고픔'으로 표현하여, 시인의 영원한 갈증과 채워지지 않는 욕구를 형상화하고 있다. 이러한 고통과 결핍은 시인이 현실에 안주하지 않고 끊임없이 내일을 향해 나아간다는 점을 강조한다.

시의 핵심 주제인 '내일'은 단순히 시간의 흐름을 넘어 시인이 추구하는 이상과 영원성을 의미한다.

시인은 "얼굴 없는 애국자며 현재를 사는 미래의 전도사다"라고 규정되며, 이는 시인이 현재의 고통을 감내하며 미래를 향한 희망과 메시지를 전달하는 존재임을 시사한다.

'내일'은 당장 도달할 수 없는 영원과 같은 것이기에 시인은 끊임없이 기다리고 갈망하며, 그 기다림 속에서 비로소 시인의 삶을 살아가는 것이다.

결론적으로, 이 시는 시인의 삶을 현실의 고통과 미래에 대한 갈망, 그리고 역설적인 존재 방식을 통해 탐구하고 있다. 시인은 현실에 만족하지 않고 끊임없이 내일을 꿈꾸며 살아가는, 그래서 역설적으로 죽음을 통해 영원성을 획득하는 고독하고도 강인한 존재로 그리고 있다.

삼일 밤 지새우던 상중
어머니 곁에 누웠다
평생 온몸 감쌌던 감응
내게서 빠져나가는 절절함에
화들짝 눈을 떴다

쓸쓸한 벌판에
나 홀로 외로이 나목이 된다
갑자기 슬픔이 엄습하고
쏟아지는 소나기 같은 눈물
호수 이룬다
아버지와 나란히 쌍분하고
나흘간 소복들 훌훌 벗었다
가족들마저 떠난 방
피로감에 잠시 눈붙인 순간
또다시 엄습해 온 불길한 고독감
우주의 미아 되었다

부르고 목 놓아 되뇌어도
메아리마저 없는
나의 어머니여
정녕 돌아올 수 없나요
가식의 눈물짓던 시인은
철부지 머슴애 되어 울부짖었다
엄마 어머니 어무이

「어머니 가시던 날」 전문

삶이란 무엇인가? 죽음이란 또 무엇인가를 자문해 보는 시간이 될 것이다. 이런 어려운 질문에 답하기는 매우 어려울 것이다.

작가는 어머니를 여의고 그 상실감의 늪에서 진솔한 감정 표현으로 공감을 이끌고 있다.

어머니를 여읜 슬픔과 상실감이 직설적이면서도 절제

된 언어로 표현되었다.

작가의 솔직한 감정이 돋보이며, 죽음 앞에서 인간이 느끼는 근원적인 고독감을 심도 있게 다루고 있다.

작가는 어머니를 여읜 지극한 슬픔을 디테일하게 그리고 있다.

"온몸 감쌌던 감응 내게서 빠져나가는 절절함"이나 "쓸쓸한 벌판에 나 홀로 외로이 나목이 된다"와 같은 구절은 어머니와 이별하고 깊은 상실감에 빠진 모습이다. 절대 고독감은 독자의 마음과 하나 되어 슬픔의 늪으로 빠져든다.

"쏟아지는 소나기 같은 눈물 호수 이룬다"라는 비유는 엄청난 슬픔의 깊이를 효과적으로 전달하고 있다. 꾸밈없는 슬픔의 토로가 시 전체에 진정성을 보여준다.

삼 일 밤낮을 지새우는 상중(喪中)부터 어머니를 떠나보내고 일상으로 돌아와야 하는 순간까지, 시간의 흐름에 따른 화자의 심리 변화가 잘 나타나 있다.

어머니 곁에 누워 "화들짝 눈을 떴"던 순간의 놀라움과 절절함을 시작으로 어머니를 떠나보낸 후 "갑자기 슬픔이 엄습"하는 폭발적인 감정으로 전개된다. 마지막으로 "가족들마저 떠난 방"에서 느끼는 "불길한 고독감"은 상실의 아픔이 지속되고 있음을 시사하고 있다.

"나목(裸木)"은 어머니를 떠나보내고 남겨진 작가의 모습이다.

"우주의 미아"는 어머니라는 존재가 사라짐으로써 삶의 방향을 잃고 부유하는 존재가 된 듯한 절망감을 극대화한다. 어머니를 떠나보낸 감정을 적절한 비유와 함축으로 비극적인 상황을 효과적으로 드러낸다.

"부르고 목 놓아 되뇌어도 메아리마저 없는 나의 어머니여 정녕 돌아올 수 없나요"라는 구절은 어머니를 향한 간절한 부름이자 돌아올 수 없다는 현실에 대한 비통한 마음의 표현이다.

"가식의 눈물짓던 시인"이라 칭하며 "철부지 머슴애 되어 울부짖었다"고 고백하는 부분은, 평소에는 감정을 절제했을지라도 어머니 앞에서는 한없이 약해지는 자식의 본질적인 모습을 보여준다.

전체적인 시의 흐름은 어머니라는 절대적인 존재의 상실이 한 인간에게 얼마나 깊은 고통과 고독감을 안겨주는지 비유와 함축적인 묘사를 통해 절절하게 표현하고 있다.

　때늦은 장맛비 물컹거림에
　옅은 뿌리 깊이 박는다
　피붙이 한 점 없지만 한 치 박을 흙이 좋다
　밟히고 뜯기고 뽑힐지언정
　죽어야 사는 군인처럼 또 일어선다
　마른하늘 이불 삼고 창 내밀어 꽃 피우면
　자식들 한없이 퍼뜨린다

눈보라엔 거뜬히 긴긴 꿈 꾼다
한 바가지 물이면 괜찮다
그마저도 아니면 잔인한 더위 뒤에
아침이슬 머금으면 돼
재워 놓을 곳간 더 받을 손조차 없다
한해살이 삶 대대로 살아간다
소금 내 나는 바다며 늙은 고목 아래
북극곰 사는 빙하며 뜨거운 물 솟는 온천
모래 날리는 사막 아스팔트 마천루
미사일 터질 전쟁터 아니면 좋다
이 눈치 저 눈치 보는 곳 더더욱 싫다
억겁의 시간 흐르는 사계절
봄비 맞으며 꽃피면 벌 나비 날아들고
자식들 뿌리내릴 한 줌 흙이면 그만이다
「잡초도 꿈이 있다」 전문

하잘것없는 일상의 사물도 이렇게 좋은 글감으로 거듭나고 있다. 시인의 놀라운 관찰력은 높이 평가 받아 마땅하다.

작가는 잡초의 끈질긴 생명력을 통해 삶의 인내와 강인함을 묘사하고 있다.

잡초는 보잘것없고 쉽게 밟히거나 뽑힐 수 있지만, 어떤 환경에서도 강인하게 살아남는 존재임을 나타내고 있다. 나아가 잡초는 인간 삶으로 전이되어 불굴의 의지로 강하게 어려움을 헤쳐 나가는 인간으로 확장된다.

장맛비와 아침이슬은 잡초의 생존을 돕는 요소들이지

만, 때로는 너무 늦거나 부족할 수 있다. 이는 삶 속에서 받는 적절한 도움과 그 부족함을 의미하는 것 같다.

고난 속에서도 다시 일어서는 모습을 군인처럼 일어선다고 했다. 군인의 강한 정신력은 잡초의 끈기와 대비된다.

자식들 한없이 퍼뜨리는 잡초의 특징으로 대대로 생명을 이어가는 삶의 지속성을 강조한다.

다양한 환경 속에서 살아가는 잡초는 바다, 빙하, 온천, 사막 등 어디서든 살아남는다. 이는 인간의 적응력을 대변하며, 어디서든 희망의 꿈을 꿀 가능성을 보여준다.

'미사일 터질 전쟁터 아니면 좋다.'는 표현은 삶의 역경 속에서도 평온한 공간을 원하는 소망을 담고 있다.

억겁의 시간 속에서 사계절을 살아가는 잡초는 끊임없이 꽃을 피우고 씨앗을 퍼뜨린다. 이는 잡초를 통해 인생의 순환과 지속성을 표현하고 있다.

전반적인 느낌은 삶의 강인함과 희망을 담고 있다. 어떠한 환경에서도 버티고 살아가는 인간의 모습을 잡초의 생명력에 빗대어 심도 있게 표현하고 있다.

고즈넉이 언 저수지 끼고
빈 의자에 하얀 면사포 펼치면
나이트 클럽 열기에 흠뻑 취해
비 오듯 첫사랑 스친다
아스팔트 두 그림자

짧지만 기나긴 시간 돌이켜보니 마음에 품어온 그리운 조각들
냉정한 칼날 되어 꽂힌다
어둠 머금은 이별의 메아리
멀어져 가는 듯 다시 뜀박질
잠든 산 울부짖고
언 저수지 쩍쩍 소리내니
덤벼든 첫 키스의 씁쓸함이여
첫눈은 방울방울 눈물 되어 흐른다
함박눈 장막 하염없이
면사포 가르는 원앙의 날갯짓
두 눈물 폭포수 되어 금오지 적시네
「첫눈은 금오지金烏池 적시고」 전문

첫눈과 함께 떠오르는 기억과 감정을 서정적으로 담아냈다. 금오지를 배경으로 펼쳐지는 감성적인 장면은 독자의 마음을 촉촉이 적신다.

시인은 하잘것없는 사물이나 일상도 놓치지 않는다. 또 여러 각도의 시각으로 세상을 바라보며 의미를 발견하고 있다.

우리에게 낯익은 풍경을 독특한 방식으로 표출해 낸 시인의 능력이 놀랍다.

첫눈이 내리는 순간, 저수지 주변의 고요한 분위기와 대비되는 과거의 열정적인 기억들이 교차하며, 사랑과 이별의 애틋한 감정을 섬세하게 그려내고 있다.

"첫눈은 방울방울 눈물 되어 흐른다"라는 구절은 사

랑의 아련함과 상처를 시각적으로 형상화하며, 시간의 흐름 속에서 감정이 변화하는 모습을 함축적으로 표현한다.

면사포와 원앙의 날갯짓을 통해 사랑과 결혼, 그리고 인간관계에 대한 깊은 성찰을 담고 있다.

시 전체가 첫눈이라는 자연 현상과 인간의 내면을 절묘하게 연결하며, 한 폭의 그림처럼 아름답고도 아련하게 나타냈다.

여기서 첫눈은 단순한 계절적 변화가 아니다. 개인의 감정과 추억을 떠올리게 하는 매개체가 된다.

첫눈이라는 단어는 순수함과 새로운 시작을 의미한다. 또한 과거의 기억을 떠올리게 하는 매개체가 된다. 첫눈이 내리는 순간 사랑과 이별, 아련한 감정이 교차하게 된다.

금오지(금오산 저수지) 라는 장소는 고요한 분위기를 조성하면서도, 시 속에서 사랑과 그리움의 무대가 된다. 저수지는 시인이 과거를 되돌아보게 하는 배경이 되고 있다.

면사포는 결혼과 사랑의 상징이면서도 흰 눈과 연결되어 순수한 사랑과 그 이면의 쓸쓸함을 표현하는 장치로 사용되었다.

여기서 '나이트클럽의 열기'라는 좀 색다른 비유를 사용했다. 작가는 첫눈 덮인 저수지를 보고 나이트클럽을

유추해 냈다. 이는 사랑의 격정적인 순간과 젊은 날의 뜨거운 감정을 떠올리게 한다. 그것이 지나간 후의 공허함과 대비되면서 이별의 쓸쓸함을 더욱 강조한다.

두 그림자는 연인의 존재를 암시하면서도, 이별을 앞둔 상황 속에서 두 사람이 함께했던 시간의 무게를 상징한다.

이 시는 첫눈과 함께 사랑과 이별, 회한을 오묘하게 얽어내며 독자에게 깊은 여운을 남긴다.

> 엉덩이 펑퍼짐하고
> 달덩이처럼 예쁜 딸애야
> 부잣집 맏며느리 되어
> 아이들 쑥쑥 낳아 잘 길러라
> 황후처럼 여걸들 제압하며
> 장비 같은 털북숭이 달려들어도 화병에 꽂힐 걱정 없으니
> 자연미인 꼿꼿한 가족력
> 지키며 살자
> 바닥만 기는 삶에
> 호박꽃도 꽃이냐
> 호박 같은 얼굴 소리 흘려들으며 한 입 보쌈 되어 떠날지언정
> 분신들 치부 감싸만 주는 아버지 인생 호박잎이다
> 「호박잎 인생」 전문

가족에 대한 사랑이 절절하다.

함축과 비유, 상징, 메타포를 적절히 버무려 이미지를

형상화한 점이 돋보인다.

'호박잎 인생'이라는 제목부터 소박하고 겸손하다. 호박잎 같은 삶 속에 숨겨진 강인함과 희생정신을 드러내고 있다.

시의 첫 부분은 딸에게 덕담을 건네며 시작한다. 그 덕담도 지극히 소박하고 해학적이다. 여기서 작가의 강한 개성이 드러난다.

'엉덩이 펑퍼짐하고 달덩이처럼 예쁜 딸애야'라는 구절은 딸에 대한 애정 어린 시선을 보여주며, '부잣집 맏며느리 되어 아이들 쑥쑥 낳아 잘 길러라'는 바람은 딸의 행복과 번영을 기원하는 부모의 보편적인 마음이다.

'황후처럼 여걸들 제압하며 장비 같은 털북숭이 달려들어도 화병에 꽂힐 걱정 없으니'라는 표현은 딸이 어떠한 어려움이 닥쳐도 굴하지 않고 굳건하게 자신의 삶을 지켜나가기를 바라는 강한 소망을 담고 있다.

예쁜 딸은 겉으로 보이는 단순한 외모를 말하는 것이 아닐 것이다. 외모 뒤에 숨겨진 강한 삶의 의지를 말하고자 함이 아니겠나?

외모의 아름다움을 넘어 자연미인으로서의 꿋꿋한 가족력을 지키기를 바라는 아버지의 바람이 강하게 나타난다. 아버지의 인생은 자식들의 치부를 넓은 호박잎으로 감싸 안는 호박잎 인생이 된다.

3. 마치면서

시는 마음의 그림을 그리는 작업이다. 시 창작에 있어서 체험과 배경지식은 시의 필수적 재료다. 여기에다가 상상력을 확장하여 미적 감각을 얹어야 한다.

이 작품집의 바탕을 이루고 있는 것은 삶의 끈질긴 생명력이다. 이는 작가가 살아온 모습이 투영되어 있기 때문이다.

작가는 끈질긴 집념으로 고위직 공무원으로 승진하였고, 박사 학위를 취득하여 대학 강당에서 강의하며 후학을 길러냈다.

퇴직 후에는 시 창작에 열중하고 있다. 지금도 그의 집념은 활화산처럼 불타오르고 있다.

이번 첫 시집 『번데기 시인의 환생』을 통하여 그의 역량을 알 수 있는 계기가 되리라 믿는다.

그는 불교적 철학을 바탕으로 작품을 창작하고 있으며, 인간의 존재론에 대한 깊은 사유가 작품 바탕에 깔려 있다.

앞으로 한층 더 높은 수준의 작품으로 독자에게 다가갈 것이라 기대한다.

더욱더 정진하여 한국 문단에 거목이 되길 기대한다.

번데기 시인의 환생

초판 인쇄   2025년 6월 27일
초판 발행   2025년 7월 3일

지은이 이성칠
발행인 임수홍
편 집 맹신형

발행처 도서출판 국보
주 소 서울 강동구 양재대로 114길 32 2층
전 화 02-476-2757~8   **FAX** 02-475-2759
카 페 http://cafe.daum.net/lsh19577
E-mail kbmh11@hanmail.net

값 15,000원

ISBN 979-11-89214-93-7

· 저자와의 협약에 의해 인지는 생략합니다.
· 이 시집의 글은 저작권법에 따라 보호를 받는 저작물이므로 저자와 출판사의 동의 없이는 무단 전재 및 무단 복제를 금합니다.
· 이 책은 (재)구미문화재단 [2025 전문예술인 활동지원사업]으로 발간되었습니다.
· 잘못된 책은 바꾸어드립니다.

후원 :